Vale do Paraíba: velhas fazendas

Sérgio Buarque de Hollanda

Vale do Paraíba: velhas fazendas

Desenhos de Tom Maia

Apresentação de
Jean Marcel Carvalho França
e Antônio Celso Ferreira

JOSÉ OLYMPIO
EDITORA

Reservam-se os direitos desta edição à
EDITORA JOSÉ OLYMPIO LTDA.
Rua Argentina, 171 – 3º andar – São Cristóvão
20921-380 – Rio de Janeiro, RJ – República Federativa do Brasil
Tel.: (21) 2585-2060
Printed in Brazil / Impresso no Brasil

Atendimento e venda direta ao leitor:
mdireto@record.com.br
Tel.: (21) 2585-2002

ISBN 978-85-03-01092-4

Capa: Isabella Perrota/Hybris Design

Texto revisado segundo o novo Acordo Ortográfico da Língua Portuguesa.

CIP-BRASIL. CATALOGAÇÃO-NA-FONTE
SINDICATO NACIONAL DOS EDITORES DE LIVROS, RJ

H68v
Hollanda, Sérgio Buarque de, 1902-1982
Vale do Paraíba : velhas fazendas / Sérgio Buarque de Hollanda e Tom Maia; [prefácio Prof. Mário Guimarães Ferri]. – Rio de Janeiro: José Olympio, 2010.
172p. : il. –(Sabor literário)

ISBN 978-85-03-01092-4

1. Fazendas de café – Paraíba do Sul, Rio, Vale. 2. Casa de fazenda – Paraíba do Sul, Rio, Vale. 3. Construções rurais – Paraíba do Sul, Rio, Vale. 4. Arquitetura rural – Paraíba do Sul, Rio, Vale. 5. Paraíba do Sul, Rio, Vale – História. I. Maia, Tom, 1929-. II. Título. III. Título: Velhas fazendas. IV. Série.

10-3862
CDD: 728.670981532
CDU: 728.67(815.32)

SUMÁRIO

APRESENTAÇÃO

SÉRGIO BUARQUE DE HOLLANDA E O VALE DO PARAÍBA

Há uma historieta curiosa em torno da preparação deste livro, produto do singular encontro, na primeira metade da década de 1970 do século passado, entre um desenhista vale-paraibano, apaixonado pela história do Vale do Paraíba, Tom Maia, e um célebre historiador, profundo conhecedor da história da província de São Paulo, Sérgio Buarque de Hollanda que, até então, nunca dedicara ao Vale do Paraíba especial atenção em sua obra.

Em 1973, o desenhista recebeu, em sua casa, na cidade de Guaratinguetá, a visita de um primo ilustre, catedrático da USP, também vale-paraibano — natural de Queluz —, Eduardo de Oliveira França. O historiador, que dispensa apresentações, encantou-se com os bicos de pena de Maia, que retratavam velhas fazendas do Vale, e resolveu levá-los para São Paulo, com o intuito de publicá-los pela editora da USP.

Ocorre, porém, que França, naquela época, diretor da Faculdade de Filosofia da USP, precisou pedir demissão da universidade por causa do regime militar e, certamente, não teve mais nem tempo nem condições de acompanhar os destinos dos desenhos de Maia na Edusp. Após alguns anos, Maia começou a inquietar-se com a ausência de notícias dos seus preciosos originais, inquietações agravadas pelas considerações do amigo Luiz Saya que, um pouco avesso à USP, o advertiu de que as ilustrações certamente nunca seriam publicadas pela universidade e, o que é pior, já deviam ter desaparecido no emaranhado de papéis da editora. Maia resolveu, então, como recorda, ir pessoalmente à USP resgatar os seus desenhos. Lá chegando, depois de muitas idas e vindas, acabou por ser recebido pelo então presidente da Comissão Editorial da Universidade, Mário Guimarães Ferri, que o convenceu a não levar embora os originais, pois o livro não somente seria publicado pela editora, como ainda contaria com um ensaio de apresentação do renomado historiador Sérgio Buarque de Hollanda. Maia deixou-se rapidamente convencer por tão sedutora proposta e passou a manter, para que tudo saísse a contento, alguns contatos com Hollanda.[1]

Vale do Paraíba: velhas fazendas veio a público pela primeira vez em 1975, pela Companhia Editora Nacional, em coedição com a Editora da Universidade de São Paulo, e foi reeditada, no ano seguinte, pelas mesmas casas editoriais. O livro ganhou existência graças ao ímpeto inicial de Eduardo França e aos empenhados esforços de Mário Guimarães Ferri, o conhecido botânico, ecólogo, artista plástico e editor vale-paraibano (nascido em São José dos Campos, em 1918), a quem tanto deve a historiografia brasileira. Ferri conheceu os desenhos em bico de pena de Tom Maia por intermédio do fotógrafo Eduardo Ayrosa, e logo percebeu a importância em divulgar tão rico material histórico e artístico. O editor atentou, também, para a necessidade de acrescentar à série um "texto adequado", que contasse ao leitor um pouco da história da região retratada por Maia. Daí a presença de Sérgio Buarque de Hollanda no projeto.

---

[1]A amizade de ambos, porém, solidificou-se somente depois da publicação do livro e em razão de uma situação que em nada tem relação com as lides acadêmicas. Hollanda tinha por hábito percorrer de carro, pela conhecida "via Dutra", os quase quinhentos quilômetros que separam São Paulo do Rio de Janeiro. O historiador, porém, não dirigia, deixando apenas para sua esposa, Maria Amélia, a difícil e maçante tarefa de conduzir o veículo por tão longa distância. O casal acostumou-se, então, a realizar uma parada em Guaratinguetá — situada bem no meio do caminho — e refrescar-se na casa dos amigos Tom e Thereza Maia.

Mas caminhemos mais vagar. Os desenhos que tanto impressionaram o historiador Eduardo Oliveira França e ao artista plástico e também historiador Mário Ferri tinham sido feitos, como referido, por Tom Maia, ou melhor, por José Carlos Ferreira Maia. Nascido em 1929, esse advogado e promotor de justiça, natural da cidade paulista de Guaratinguetá, desde 1970 vem se dedicando ao desenho histórico em bico de pena e desenvolvendo, ao lado da esposa, a folclorista Thereza Regina de Barros Camargo Maia, um cuidadoso trabalho de preservação, por meio da representação pictórica, do patrimônio histórico brasileiro, especialmente do patrimônio das cidades que formam a região do Vale do Paraíba. Desde então, vasta e diversificada tem sido a produção da dupla que, depois de estrear retratando a velha Parati, num livro de 1974, já deixou registros de um número significativo de cidades históricas brasileiras (São João Del Rei, Ouro Preto, Recife, Olinda, Vila Boa de Goiás, entre outras).

Vale do Paraíba: velhas fazendas, segundo livro de Tom Maia,[2] é o resultado de oito meses de peregrinação por 31 municípios e 159 fazendas do Vale do Paraíba, de Santa Isabel a Bananal. A obra é a primeira de uma série, feita quase toda ela em parceria com sua esposa, dedicada a

---

[2]O livro de estreia do autor, em parceria com a esposa, intitula-se *Paraty: religião e folclore* (São Paulo: Companhia Editora Nacional, 1974).

retratar aspectos variados da vida regional: ecologia, medicina popular, costumes tropeiros, hábitos da mulher, rotas de comércio e aspectos da religiosidade — é de autoria do casal até mesmo um livro sobre a vida e a terra (Guaratinguetá) de frei Galvão. Para a pioneira edição de 1975, Maia selecionou 120 dos mais de duzentos bicos de pena que havia composto — a ideia inicial era publicar somente sessenta desenhos, mas Sérgio Buarque de Hollanda insistiu para que o número fosse maior —, pondo à disposição do leitor um amplo panorama da arquitetura das casas de fazenda coloniais e imperiais.

Foi para enriquecer e situar temporalmente esses desenhos que Ferri solicitou a colaboração de Sérgio Buarque de Hollanda, naquela altura já renomado historiador, com uma larga produção sobre a história de São Paulo. É verdade que a região do rio Paraíba não tinha, até aquela data, merecido grande atenção de Hollanda. Os seus muitos trabalhos sobre a história da província haviam sido dedicados, em geral, ou à região das monções ou ao Oeste paulista, como é o caso dos livros *Monções* (1945), *Caminhos e fronteiras* (1957) ou do póstumo *Extremo oeste* (1986). Há, sem dúvida, diversas referências ao Vale espalhadas pela sua vasta obra, sobretudo pelo volume *Do império à república*, da conhecida coleção História Geral da Civilização Brasileira, mas nada que fosse muito extenso ou muito detalhado. Não restam dúvidas, igualmente, de que Hollanda não desconhecia a história vale-paraibana; prova disto são os estudos que orientou e prefaciou relacionados ao tema. A despeito de tal intimidade, no entanto, o texto de *Vale do Paraíba: velhas fazendas*, escrita por um Sérgio Buarque maduro, é o trabalho mais substantivo acerca dessa parte da província de São Paulo legado pelo historiador.

Mas, afinal, quais as características deste pequeno texto, escrito sob encomenda, para um livro cujo centro das atenções seriam supostamente as representações pictóricas? De saída, cabe mencionar que este é um estudo pouco volumoso, mas com um recorte temporal extenso, abrangendo a história da região do século XVII ao ocaso do século XIX, com especial atenção ao período que antecede o meio século (1830-1880) em que o Vale se destacou nacionalmente pela sua produção cafeeira. Cabe mencionar também que, embora predomine no ensaio uma abordagem de matiz econômica, não está aí ausente aquela visada sociocultural que sempre caracterizou a obra do autor de *Visão do paraíso*.

Vale do Paraíba: velhas fazendas abre com um comentário sobre aquela que seria a primeira menção impressa à região: a narrativa do batavo Guilherme Glimmer, publicada em 1648 no conhecido *História natural do Brasil*, de Jorge Marcgrave. Eis o que diz Glimmer, no alvorecer do século XVII, sobre o "Sorobis", rio que, como salienta o historiador paulista, ganharia mais tarde o nome de Paraíba:

> Ali, tendo reunido canoas de casca de árvores, em cinco ou seis dias descemos seguindo este riacho e cortamos num rio maior procedente da região Ocidental. Aquele primeiro riacho desce por campos baixos e úmidos e notáveis pela beleza. Como descêssemos dois dias, segundo este maior, cortamos num rio ainda muito maior, que nasce nos montes Paranapiacaba do lado Norte (...) e o primeiro correndo segundo o monte colocado em direção do ocaso; em seguida se dirige numa curva, por algum tempo é levado em direção do Norte, e, finalmente, como vulgarmente se acredita, desemboca no Oceano entre o Cabo Frio e a Capitania do Espírito Santo, notavelmente abundante em peixes tanto grandes quanto pequenos; chamam o rio de Sorobis. Também tendo descido este 15 ou 16 dias chegamos à Catarata onde o rio apertado pelos elevados montes, corre rápido em direção ao Oriente (...).[3]

A exploração do pioneiro relato de Glimmer dá a Hollanda o mote para iniciar a sua breve mas instrutiva descrição do processo de colonização do Vale do

---

[3]Macgrave, Jorge. *História natural do Brasil*. São Paulo: Imprensa Oficial do Estado, 1942, p. 263.

Paraíba, uma colonização que inicialmente ressentiu-se da resistência "dos tupi inimigos", "índios de guerra, mas também índios de lavoura, cobiçados dos traficantes de peças". Debelada, todavia, a resistência do nativo, destaca o autor, estava aberto o caminho para os povoadores brancos e mamelucos, provenientes de São Paulo, semearem, durante o século XVII, os primeiros núcleos de povoamento da região — os atuais municípios de Jacareí, São José dos Campos, Pindamonhangaba, Taubaté, Guaratinguetá e Lorena.

É também no século XVII que começa a se desenvolver uma importante característica da sociedade local — característica de "longa duração" —, sugestivamente denominada por Hollanda de "mal da solidão". Trata-se, em linhas gerais, da tendência dos habitantes do Vale ao isolamento, um isolamento somente compensado pelo fácil acesso às cidades do litoral — Angra dos Reis, Parati, Ubatuba, Caraguatatuba, São Sebastião, entre outras. É esta interpretação que, de certo modo, percorre todo o ensaio. É ela, por exemplo, que permite ao historiador explicar os obstáculos ao povoamento e à viabilização econômica da região — que só tardiamente entra nos circuitos de comércio da colônia. É essa interpretação, também, que o leva a concluir que, salvo uns breves períodos de riqueza e avanço social — como nos tempos do tropeirismo, da cana-de-açúcar e do café —, a vida no Vale do Paraíba de antanho foi marcada pela escassez e pela rusticidade. É ela, por fim, que abre ao historiador caminho para analisar as ambiguidades presentes nas relações da região com a capital da província, São Paulo, relações sempre tensas e, em muitas ocasiões, próximas da ruptura. Ouçamos um pouco o próprio Hollanda:

> Entre as mais curiosas manifestações de inconformismo suscitado pelo espetáculo de uma paisagem rural que, empobrecida, embora, orgulhava-se ainda da riqueza e pompa de um passado relativamente recente, merece ser citado o renascimento de certas manifestações secessionistas no Vale do Paraíba paulista. Ditava-as, como em casos anteriores, a impaciência diante das desigualdades econômicas flagrantes. (...) a opulência e a prosperidade insofismáveis do novo Oeste (...), aos paladinos da antiga preeminência do Vale do Paraíba, se apresentam como fruto de injustiças e opressões, que só o desmembramento poderia sanar.

As orgulhosas sedes de fazendas retratadas por Tom Maia, porém, não remetem a esse cotidiano de penúria, lamentações e secessões, mas sim a pelo menos dois períodos de pujança da história do Vale: o dos engenhos de cana-de-açúcar e o das fazendas de café. Em relação ao primeiro, entre o final do século XVIII e o início do século XIX, explica-nos Hollanda, todo o "complexo da cana-de-açúcar, elaborado nas capitanias do Nordeste (ou talvez já na ilha da Madeira) reproduz-se em São Paulo". Ainda que tenha gerado um modo de vida modesto quando comparado àquele dos engenhos nordestinos, essa produção açucareira do Norte paulista deixou marcas importantes na cultura material e intelectual da região, entre as quais umas ainda acanhadas casas de engenho — predecessoras mesquinhas mas legítimas das opulentas sedes de fazendas de café da metade do Oitocentos.

O segundo período, o da cafeicultura, tem início na segunda década do Oitocentos — Aires Casal, em sua *Coreografia brasílica*, de 1817, ainda não menciona o produto como uma das riquezas da região, destaca Hollanda — e se estende até os anos 80 do mesmo século, quando a produção regional é suplantada pela do Oeste do estado. Recorramos mais uma vez ao texto do historiador:

> É (...) por volta de 1820 que começam a surgir em toda aquela área as residências senhoriais, que marcam o apogeu da civilização do café em São Paulo, antes de trasladar-se para o Oeste da província, e de que alguns dos mais belos exemplares se acham aqui representados.

Sérgio Buarque de Hollanda, no entanto, ao contrário do esperado, dedica pouco espaço de sua narrativa a esse "complexo do café" que se desenvolveu no Vale entre 1820 e 1880. Não há uma única palavra sobre o *modus vivendi* dos vale-paraibanos que habitavam as "residências senhoriais" retratadas por Tom Maia; não há, tampouco, comentários mais alongados sobre o poderio político de que os fazendeiros da região desfrutaram no Império ou sobre o impacto social e cultural da volumosa escravaria que possuíam; nem mesmo a significativa movimentação econômica propiciada pelo café suscitou análises mais detidas do historiador. Curiosamente, a sua atenção vai ou para o período anterior ou para o período posterior ao da cafeicultura vale-paraibana.

Tal lacuna, se é que podemos denominar de lacuna, remete diretamente à série documental utilizada na composição do ensaio. Hollanda consultou inúmeros documentos e estudos relativos ao processo de colonização da região, à economia de subsistência e ao tropeirismo que prosperaram paralelamente à exploração do ouro em Minas Gerais e, sobretudo, aos engenhos de cana-de-açúcar que aí vingaram entre o final do século XVIII e as duas primeiras décadas do século XIX. Não por acaso, é a esse período de quase dois séculos, período de constituição da região, que o historiador dedica quase dois terços do seu estudo. Notavelmente menos pródiga é a documentação consultada acerca dos tempos áureos da cafeicultura, aos quais são dedicadas pouco mais de duas páginas, contendo uma breve análise dos plantéis de escravos das fazendas da região.

Todo o restante do ensaio versa sobre um outro tema que Hollanda conhecia muito bem: a ascensão e o desenvolvimento do café no Oeste da província de São Paulo. O Vale do Paraíba reaparece, então, ou como contraponto ao sucesso das lavouras da região de Campinas, São Carlos e, um pouco mais tarde, de Ribeirão Preto, ou como uma paisagem a caminho do desolamento, cada vez mais saudosa dos seus tempos de grandiosidade. Daí, talvez, o tom melancólico que assume o derradeiro parágrafo desse que muito provavelmente é o último ensaio escrito por Sérgio Buarque de Hollanda e publicado em vida:

> Aqui, como ao longo de todo o curso do médio Paraíba, já desapareceram vários e, por vezes, admiráveis testemunhos do fastígio que o café lhe trouxe e o café lhe tirou quando se viu chamado a opulentar outras terras. Das antigas vivendas senhoriais que marcaram essa era, algumas, todavia, permanecem eretas, outras estão sendo cuidadosamente restauradas.

Os bicos de pena de Tom Maia — o historiador o sugere — são tanto uma parte desse empenho de restauração e preservação da memória vale-paraibana, quanto uma das expressões locais da saudade, uma saudade bem ao gosto de Gilberto Freyre, de um passado glorioso que o tempo consumiu.

Jean Marcel Carvalho França,
professor livre-docente de História do Brasil na Unesp e autor, entre outros livros, de *Literatura e sociedade no Rio de Janeiro Oitocentista* (Lisboa, INCM, 1999), *Visões do Rio de Janeiro Colonial* (José Olympio, 2000), *Mulheres viajantes no Brasil* (José Olympio, 2008) e *Andanças pelo Brasil Colonial* (Editora da Unesp, 2009).

Antônio Celso Ferreira,
professor titular em História do Brasil Contemporâneo na Unesp, campus de Assis. Assessor editorial da Editora da Unesp. Autor de diversos artigos, capítulos e livros, entre os quais, *A epopeia bandeirante: letrados, instituições e invenção histórica* (Editora da Unesp, 2002) e *Um eldorado errante: São Paulo na ficção histórica de Oswald de Andrade* (Editora da Unesp, 1996).

LIVROS DE SÉRGIO BUARQUE DE HOLLANDA QUE INTERESSAM AO TEMA

HOLLANDA, Sérgio Buarque de. *O extremo oeste*. São Paulo: Editora Brasiliense; Secretaria do Estado da Cultura, 1986.

——. *Monções*. São Paulo: Editora Casa do Estudante do Brasil, 1945.

——. *Caminhos e fronteiras*. Rio de Janeiro: José Olympio, 1957.

——. *O Brasil monárquico: do império à república*. São Paulo: Difusão Europeia do Livro, 1972 (*História Geral da Civilização Brasileira*, t. 2, v. 5).

——. *Índios e mamelucos na expansão paulista*. São Paulo: Anais do Museu Paulista, 1949.

——. *Livro dos prefácios*. São Paulo: Companhia das Letras, 1996.

Vale do Paraíba: velhas fazendas

Segundo a explicação mais pacífica entre tupinólogos de todos os tempos, "Paraíba" quer dizer "rio ruim". Por lhe faltarem condições de navegabilidade? Por serem menos piscosas as suas águas? Ou por banharem terras povoadas de índios contrários e intratáveis? Sem querer discutir o valor de qualquer desses alvitres — dois, pelo menos, pertencem a Capistrano de Abreu —, nenhum é indiscutível por volta de 1601, o ano da bandeira de André de Leão rumo ao Sabarabuçu, que motivou a mais antiga descrição conhecida das mesmas terras. A descrição, devida a um flamengo chamado Guilherme Glimmer, vem na *História natural do Brasil* de Marcgrave, que se imprimiu primeiramente em 1648. Por ela ficamos sabendo que a expedição, depois de largar a vila de São Paulo, se dirigiu à aldeia de São Miguel, então aos cuidados dos padres da Companhia e, transpondo o Tietê, se encaminhou para o cotovelo que forma o Paraíba, antes de seu curso médio, chegando presumivelmente às proximidades do desaguadouro do Jaguari, em frente à atual São José dos Campos, após mais de dez dias de marcha. Nesse ponto embarcou em canoas para descer o Paraíba, e só deixou o rio ao cabo de 15 ou 16 dias, num lugar onde a navegação começa a fazer-se dificultosa, mais ou menos onde hoje fica a cidade de Cachoeira, para se dirigir à garganta do Embaú, que dá acesso às Minas Gerais pelo Passa Vinte.

Ao rio dá o roteiro de Glimmer o nome de Sorobis, embora não se ignorasse na época o topônimo Paraíba, e não deixa dúvidas quanto à sua verdadeira identidade ao sugerir que despeja as águas no oceano, entre o Cabo Frio e a capitania do Espírito Santo. Sorobi ou sorubim é nome de peixe, ainda em nossos dias usual (*Pseudoplatystoma Corruscans*, Agass), e isso já serve para desfazer a teoria de que suas águas mal se prestavam às pescarias: o próprio Glimmer informa, aliás, expressamente, que o rio é abundantíssimo em pescado grande e pequeno: *tam majoribus quam minoribus.* Sobre a alegação de que viviam em suas margens índios indomáveis, cabe dizer que não era exata em 1601, ainda que o fosse sete ou oito anos antes, pois há notícia de que em 1593 o gentio de Moji ou Bouji havia desbaratado os homens de Antônio de Macedo e Domingos Luís Grou, levando o capitão Jorge Correia a mover-lhes crua guerra.

É de crer que, nos anos subsequentes e até o final do século, as campanhas de extermínio tivessem apartado enfim a ameaça vinda daquelas bandas e que tanto sobressaltava a população paulistana. O certo é que todo o longo estirão entre as vertentes da Mantiqueira e a serra do Paranapiacaba se viu desinfestado naqueles anos dos tupis inimigos, índios de guerra, mas também índios de lavoura, cobiçados dos traficantes de peças. Restavam algumas tribos mais tratáveis, embora assustadiças, de guaianá, purí, guaramomí ou guarulhos, que não se afeiçoavam à vida sedentária e à lavoura. Quando por ali andou Glimmer, já o gentio contrário fora dizimado: não achou o viajante viva alma, nem sinal de terra lavrada, ainda que avistasse taperas ao desamparo. Apenas alguns rolos de fumaça que sobressaíam às vezes das brenhas, indicavam a presença de algumas populações ariscas e sem pouso certo, que se sustentavam do que lhes dava quase graciosamente a natureza. Só depois de vencida a serra ocidental (Mantiqueira) e caminhados ainda alguns dias será dado aos expedicionários deparar com as primeiras aldeias indígenas fartas de mantimento, de que todos se valerão.

Completada naquelas partes a faixa de segurança ao redor da vila de São Paulo, é plausível a ideia de povoá-las, dando-lhes alguma aparência de governo civil, tanto mais quanto já corria a crença, amplamente confirmada um século depois, de que naquela direção estariam jazidas preciosas. Para começar, o povoamento seguiria a linha traçada pelo Tietê, rio acima, e alcançaria em seguida o Paraíba. Com efeito, só no período que vai de 1608 até 1612 existem documentadas 16 petições ou concessões de sesmarias na área: em média, quatro por ano. Já, anteriormente, se haviam estabelecido ali, com as suas granjearias, alguns dos futuros povoadores de Moji das Cruzes, onde se levantará o pelourinho em 1611: roças de feijão-branco, de algodão, cana, mandioca, milho, carazais, bananais ou pacovais, pouca coisa de trigo, que se dá melhor nas proximidades da vila de São Paulo e mais para o Oeste. E é tudo quanto resulta da documentação conhecida sobre o lugar. A via natural da expansão da gente mojiana parece apontar, entre a muralha da Mantiqueira e as fragosidades da serra do Mar, para a linha do médio Paraíba, até pouco adiante do Guaipacaré, onde se erguerá depois a vila de Lorena, e justamente aqui principia o caminho terrestre, por onde se vai em três dias ao Embaú, no umbral das minas de ouro. Rapidamente, porém, as antigas sesmarias de Moji e seu termo só deixam ver taperas ou feitais, que assim se chamam as touceiras de samambaias, próprias de solos exauridos, e aos moradores, tomados do mesmo cansaço, falta em geral o ânimo para empresas novas.

É diretamente de São Paulo, não é de Moji, que saem os primeiros povoadores brancos ou mamelucos do sertão do Paraíba paulista, onde, em rápida sucessão, em verdade rapidíssima para a época e para a aspereza daqueles lugares, se vão semeando núcleos de povoamento. A viva sedução exercida em dado momento por toda a área, já livre da barreira indígena, ou a preocupação dos governos em mandar ocupá-la definitivamente, nela instalando órgãos locais de poder, tal como fora feito em Moji das Cruzes, explica a atribuição da autonomia municipal a esses núcleos com a ereção dos pelourinhos que a simbolizam. Surgem assim as vilas de Taubaté em 1643, em 1651 de Guaratinguetá, e em 1653 de Jacareí. Pela mesma época obtêm os jesuítas sesmarias à margem do rio Paraíba, ao Norte de Jacareí, e estabelecem ali, em um altiplano que escapava às enchentes do rio, uma aldeia que se chamou primeiramente Nossa Senhora do Desterro, depois Residência de Paraíba do Sul e, sucessivamente, ainda, Residência de São José, aldeia de São José, vila de São José do Paraíba, até receber, com os foros da cidade, o nome que ainda guarda de São José dos Campos.

O passo inicial para o devassamento foi dado por Jacques Felix, morador antigo da vila de São Paulo, com sítio de lavoura em Santo André, no caminho do mar. Em 1628 recebe sesmarias, com dois de seus filhos, entre

Pindamonhangaba e Tremembé, na "tapera do gentio". Não se dá pressa em ir explorar a área doada, continuando por algum tempo ainda em São Paulo, onde é vereador no ano de 1632 e, no de 1636, provedor da Misericórdia. De 1636 é, também, a provisão do capitão-mor de Itanhaém, determinando que ele penetre o sertão taubateano, com o fito de dar aumento às terras da condessa de Vimieiro, descendente e herdeira dos primeiros donatários da capitania. De 1639 é a ordem da mesma donatária para que se destine uma légua ao rocio da vila que ali se fizer, e se diligencie sobre a distribuição de chãos aos que acudam ao local. Finalmente em 1645, uma decisão de Duarte Correia Vasqueanes, que governa interinamente o Rio de Janeiro, na ausência de Salvador de Sá, leva ao devassamento da bacia do Paraíba em busca de minas de ouro, por um neto homônimo de Jacques Felix, o verdadeiro povoador, três anos mais tarde, da vila de São Francisco das Chagas de Taubaté. A esse ciclo de explorações, onde se inscrevem os trabalhos de Jacques Felix, também parece prender-se a origem de Guaratinguetá. Com efeito, a missão de erguer ali o pelourinho, por ordem do capitão Dionísio da Costa, foi atribuída a um dos componentes da leva de paulistanos que, em 1646, cuidara de explorar toda a região. A empresa de ocupação dessa área parece interromper-se por algum tempo em 1653, depois do estabelecimento da vila de Nossa Senhora da Conceição do Paraíba, que é a Jacareí de hoje. Diversamente do que sucede com Taubaté e Guaratinguetá, esse estabelecimento parece escapar, ao menos de início, à inspiração oficial, e conta com a presença de moradores antigos de Moji.

Mas a fundação é de qualquer modo coonestada pelas autoridades, tanto mais quanto Jacareí atende melhor do que Moji à conveniência de abreviar-se o acesso a Taubaté e às terras que se situam mais para o Norte. Não só por ser o rio ali navegável, como, ainda, e principalmente, por abrir-se no mesmo lugar uma extensa várzea livre de embaraços que estorvam o trajeto por terra. O fato é que mais tarde, e ainda por longo tempo, os que se dirigem às povoações do médio Paraíba tratarão de embarcar em canoa à altura da aldeia da Escada e, a partir de Jacareí, iniciarão a viagem a pé ou a cavalo. Uma das razões lembradas, aliás, para justificar a criação, em 1653, da vila da Conceição do Paraíba estava em não ser possível aos habitantes da região acudir facilmente a Moji por ser o caminho longo e não haver passagem por onde levar mulheres e filhos a ouvir a missa. Não é talvez por acaso que a área montanhosa entre Moji e Jacareí recebeu desde cedo o nome de "sete pecados mortais". Apesar dos embaraços que assim se ofereciam ao próprio contato dessa parte do Vale do Paraíba com a vila de São Paulo, o rápido povoamento dele pode prender-se a razões mais ponderosas do que às notícias surgidas de repente e nunca inteiramente desvanecidas, de presença de riquezas minerais por aquelas bandas. Em realidade, nenhuma outra parte já conhecida do planalto paulista seria mais apta à lavoura de mantimentos ou até à produção de gêneros exportáveis do que essa. Até o trigo, que mal é mencionado na documentação conhecida sobre Moji das Cruzes, dá-se bem em Jacareí, e em 1775, numa época em que os estragos da ferrugem tinham praticamente aniquilado a triticultura na capitania, o morgado de Mateus se refere ainda a esse lugar como um dos dois, em São Paulo, onde ela continuava a prosperar: o outro era Atibaia. De que valiam, entretanto, essas vantagens, se os moradores se achassem privados de outros recursos que só se alcançam por meio de comércio regular com os centros mais povoados? Não só o tráfego entre Moji e Jacareí é dificultoso, como a própria ida de São Paulo a Moji se faz através de rios, restingas e brenhas muitas vezes intransponíveis. No próprio ano da fundação de Moji, os avaliadores do inventário da mulher do fundador não se arriscam a enfrentar o caminho, por ser áspero e "de muitas águas". E bem mais tarde os avaliadores de outro inventário ficam tolhidos de ir de São Paulo a examinar umas terras na mesma Moji, por não haver canoa e nem ponte que lhes deixe fazer a viagem.

O mal da solidão a que, nessas circunstâncias, pareciam condenados os povoadores do Vale do Paraíba paulista atenua-se, no entanto, graças à possibilidade que tinham de comunicar-se diretamente com a beira-mar. Já ao tempo da criação da vila de Moji faz-se alusão à existência de pelo menos dois caminhos que da dita vila levariam às proximidades de Santos e consta mesmo, de certo documento, que à presença de um desses caminhos, o da Bertioga, se deveu à sua fundação. Por ele, depois de achadas as minas tão desejadas por d. Francisco de Sousa, governador delas e das capitanias "de baixo", se poderiam levar e embarcar os reais quintos à povoação nova que ele mandou fazer na Angra dos Reis: são palavras textuais do ato de confirmação do governador em 1611. Além desses dois caminhos para o litoral, fez-se um terceiro, por provisão de Salvador de Sá, em 1617, em que se manda abrir passagem da marinha para o rio Paraíba onde diz "haver prata e ouro". Essa via partia igualmente de Moji e, depois de passar pelo Paraíba e pelos campos da Boa Vista, ia ter ao lugar onde existiu até 1666 a vila de Santo Antônio de Caraguatatuba, logo depois ermada em proveito de Ubatuba. É de supor que esse abandono da primeira Caraguatatuba se deve ao fato de

Moji, que com ela se comunicava, e por ela com São Sebastião, já não ser a esse tempo uma ponta de flecha na expansão paulista para o Nordeste. E há mera coincidência de datas, se a criação da vila de São Sebastião ocorre no mesmo ano de 1636, em que Jacques Felix recebe instrução para penetrar o sertão taubateano?

Não é, porém, em São Sebastião, é em Ubatuba, onde se faz vila pouco depois, em 1640, que desemboca a primeira via de acesso dos de Taubaté ao litoral, o verdadeiro "caminho do mar" taubateano, chamado, nos textos contemporâneos, "caminho do mar de Ubatuba". Não seria a única via transitável entre o rio Paraíba e a marinha, pois, por outra que, subindo do porto de Parati ia alcançar o rio cerca de 10 léguas a jusante da futura vila de São Francisco das Chagas, seguiu em 1587 a expedição de Martim de Sá contra os Tamoios refugiados serra acima, cujas peripécias estão descritas em narrativa do inglês Anthony Knivet. A lembrança e o uso desse caminho não morrem: dele há notícia em petições de sesmaria da terceira década do século imediato. Sua presença, que facilitava mais rapidamente do que o caminho de Ubatuba as comunicações com o Rio de Janeiro, poderia explicar os rápidos progressos do núcleo de Guaratinguetá, que não precisou esperar dez anos, depois de criada Taubaté, para receber as insígnias de vila. Quando, em

1651, essa povoação alcança sua autonomia municipal, já no lugar de Parati, que seria seu porto natural e, durante algum tempo, será o escoadouro principal de toda a região taubateana e mais ainda das minas de ouro, existia templo dedicado a Nossa Senhora dos Remédios, que há de ser orago da vila. Mas embora o porto marítimo e a vila ribeirinha do Paraíba passem a ter evolução conexa, quando não perfeitamente sincrônica, nada prova que fosse muito frequentado o caminho que ligava diretamente os dois lugares. Sabe-se até que, ao tornar-se público, ele infletirá de início para a vila de Taubaté, antes de ganhar as minas. Contudo, o serem no outro e mais breve trajeto, rudes os atalhos e a serra alcantilada, tanto que teve o nome de Quebra Cangalhas, não impede de todo o seu uso, e é significativo que justamente em 1650, logo antes de fazer-se vila em Guaratinguetá, uma petição de sesmaria de Domingos Velho Cabral refere-se ao "caminho novo", variante do primitivo, que abrira o suplicante entre o mesmo povoado de Guaratinguetá e o porto.

Nessa petição, mais de um dado toponímico ajuda a localizar a área pedida em terras do atual município de Cunha e suas imediações. Sucede que a futura freguesia do Facão, depois vila de Cunha, terá com o tempo, entre Guaratinguetá e Parati, papel semelhante ao que representou São Luís do Paraitinga entre Taubaté e Ubatuba. Ambos parecem ser eminentemente, em seus começos, povoados de beira de estrada, nascidos da instalação de moradores nas vizinhanças de trilhas de muito trânsito. Se, criada a vila de Guaratinguetá, ainda se hão de esperar dez anos, ou quase, para alcançar igual predicamento o porto de Parati, já então bem-povoado, não afetaria essa demora a disposição dos paratienses de se entenderem cedo com os da vila de serra acima. O varar brenhas e o escalar montanhas íngremes constituem exercício que quer mais afoiteza de ânimo do que comedimento e grandura de gênio, e consta que os primeiros moradores daquele porto eram gente aventurosa e indômita, incapaz, segundo seus desafetos, de organizar-se numa ordem bem-composta. Esses desafetos achavam-se principalmente entre os habitantes e o conselho de Angra dos Reis, que fizeram tenaz oposição a toda tentativa de erigir-se vila num lugar povoado, segundo alegavam, de homens alevantados, onde já haveria sesmarias doadas, e que, segundo pretendiam, estava na jurisdição da Ilha Grande. Os embargos opostos dilataram até 1667 a confirmação do ato de elevação de Parati a vila, onde fora erguido pelourinho desde 1660, a requerimento dos povos do lugar.

Do mesmo ano de 1660 é a determinação expressa de Salvador Correia de Sá no sentido de abrir-se o caminho para o sertão de cima da serra, a fim de se revelarem as minas de ouro que constava existirem no mesmo sertão. A mesma ideia fixa das prodigiosas riquezas minerais que se exprime já em 1611, quando da fundação de Moji das Cruzes, é reiterada quatro anos mais tarde, quando um dos principais moradores da mesma vila de Moji recebe certo número de carijós forros com a condição de empregá-los no benefício das ditas minas, ou ainda em 1617, quando se manda abrir caminho de São Sebastião até as beiradas do Paraíba, com a alegação de que abreviaria o trajeto para as minas de ouro e prata, e também em 1645, quando se relaciona expressamente a necessidade de devassar o médio Paraíba ao entabolamento das jazidas de ouro nessas partes, obedece a uma intuição divinatória, nutrida, sem dúvida, de aparências reais e persistentes, vindas do tempo de d. Francisco de Sousa. A exploração dessa área obedece, pois, a uma empresa metodicamente governada pela convicção de que através dela se chegaria a lugares excepcionalmente ricos. Não pertence unicamente à história de São Paulo, mas também à pré-história de Minas Gerais, e quando estas se descortinam afinal na última década do século XVII, remate vitorioso de um esforço sem tréguas, chamem-se inicialmente Minas de Taubaté.

Tamanho impulso recebera o povoamento do sertão do rio Paraíba que, pouco mais tarde, os de Taubaté já se consideram competidores e por vezes inimigos dos de São Paulo, unindo-os tão somente a comum aversão que votam ao emboaba. Orientada, em grande parte, na direção do Rio de Janeiro, em virtude da deficiência das comunicações com São Paulo e da presença dos vários "caminhos do mar" sucessivamente abertos, todo esse espaço tende a constituir-se numa unidade à parte, com sua fisionomia própria e seus interesses particulares, que não são sempre os do restante da capitania. Mesmo quando se acharem as minas de ouro, o afluxo de grande parte dos paulistas para as lavras não impede a parte de sua capitania que margeia o rio Paraíba de mostrar, ainda por algum tempo, certa prosperidade, uma vez que por ela ainda podem transitar animais de carga para os novos descobertos, ao passo que pela via do Rio de Janeiro os artigos de consumo e o ouro se conduzem aos ombros de escravos pretos. Um índice provável dessa prosperidade está no fato de ser o Vale do Paraíba a única parte das capitanias paulistas onde, nesse tempo, ainda se pode cogitar da formação de um novo núcleo municipal. Em 1703 desmembra-se de Taubaté, por ato unilateral de seus habitantes, o povoado de Pindamonhangaba. O ato tachado, embora, de ilegal, e que levantou viva oposição entre os taubateanos, obteria confirmação oficial dois anos mais tarde, com a criação da vila de Nossa Senhora do

Bom Sucesso, já no limiar de uma era em que São Paulo se vai despovoando.

O declínio acentuado de todo o chamado "Norte" da capitania vai tornar-se inevitável quando a conclusão do caminho cometido em 1702 pelo governador do Rio de Janeiro a Garcia Rodrigues Pais, paulista e filho de Fernão Dias Pais, permitindo a ligação direta entre o Rio e as lavras de ouro, relegar a segundo plano o "caminho velho", cujas agruras pôde conhecer o mesmo governador quando fez o percurso através de Parati e Taubaté, na direção da Mantiqueira. A vantagem da ligação direta encarecera-a o mesmo Garcia Rodrigues, quando em carta de 1705 ao governador lhe disse que, além de reduzir a menos de terça parte o tempo do trajeto, se comparado ao caminho do Parati, tinha menos rios, menos serranias e nem havia nela "o detrimento da viagem do mar". Quem, por volta de 1709, quisesse ir da vila, daí a dois anos cidade, de São Paulo, rumo a Minas Gerais, e saísse pela Penha, que era o primeiro arranco da casa, levaria, só até Guaipacaré (Lorena), mais de 20 dias de marcha. Marcha "à paulista" como então se dizia, que se fazia a pé, entre a madrugada e as 13, no máximo até as 15 horas. Saindo de Guaipacaré ainda seriam precisos cerca de três dias de caminhada para ir ao sopé da Mantiqueira que, na comparação de

Antonil, o jesuíta italiano que nos deixou uma descrição meticulosa dessas vias, representava como o primeiro dos muros que tinha o ouro em seu caminho, para que a ele não chegassem os mineiros.

Nota-se que a esse tempo e até bem mais tarde, em 1733, ano em que Cristóvão Pereira de Abreu, tendo melhorado o novo caminho do sul, passou por São Paulo com numerosas cabeças de gado, e entre elas cavalares e muares provavelmente com destino às minas, ainda não se tinha difundido aqui o uso de se ferrarem os cavalos, que lhes permitiria circular em qualquer estrada e carregar pesos maiores. O primeiro ferrador com carta de exame do ofício, passada na cidade do Porto, só aparece na capital paulista em 1748, e nesse mesmo ano obtém licença para "exercer a dita ciência e arte". Também em 1748 surge o primeiro regimento de ferrador na documentação municipal paulistana e logo depois começam a aparecer na cidade ferraduras e cravos, tantos e de tamanha variedade de preços que no intuito de se acabar com essa discrepância, faz-se, em 1753, nova postura a respeito. Pode enganar-se quem, em textos do século XVII, encontre referências a algum animal "ferrado": quer isto dizer que o animal foi marcado com ferro em brasa, não que lhe tivessem posto ferraduras. Também é possível que se iluda quem depare com alusões, e elas não faltam, a cavalos "calçados", e efetivamente podia chamar-se assim o cavalo ferrado, no sentido que esta palavra tem hoje, mas assim também se chamavam os que traziam certa malha nas pernas, logo acima dos cascos. A dúvida parece plausível a quem leia, por exemplo, o inventário ainda hoje inédito da fazenda de Luciano Ribeiro Ramos, que se fez em vila de Parnaíba em 1738, de onde consta "hum cavalo zarão escuro com pés calçados". Ou no de Timóteo Leme do Prado, também de Parnaíba, o qual, em 1737, deixou "hum cavalo castanho-claro (...) os quatro pés calçados". Mas consta igualmente que o dito Timóteo deixa ainda um cavalo castanho-claro, com "três pés calçados", e aqui todas as dúvidas se desvanecem, pois como seria possível calçar de ferraduras três patas do animal, deixando-lhe a quarta descalça, e esperar que nessas condições guarde equilíbrio?

A verdadeira revolução no sistema de transportes, que por essa forma se introduz em São Paulo e capitanias vizinhas, anda estreitamente ligada ao advento de animais que, a partir da jornada de Cristóvão Pereira, em 1733, não cessam de vir das campinas do Sul. E como esses animais se destinassem largamente aos trabalhos nas minas ou ao Rio de Janeiro, era inevitável o seu trânsito, em qualquer dos casos, pelo Vale do Paraíba, que, por essa forma, viria a ganhar um pouco da importância perdida desde a construção do caminho novo de Garcia Rodrigues Pais. Em meados do século XVIII grande é a quantidade de muares cuja criação se proibira na América portuguesa, apesar de sua grande utilidade nas minas, que passam por São Paulo, enveredando pelas passagens que dividem a Mantiqueira da serra do Mar. Sabe-se de um negociante que entrou em 1751 com 493 e outro, no mesmo ano, com 529, pagando os respectivos direitos em Curitiba. Ao todo, o número de animais que pagam direitos no mesmo registro em 1751 é de 8.994, entre cavalares, muares e bovinos. Segundo os dados constantes de um livro de registro de cartas de guia de animais, que se guarda inédito ainda hoje na Câmara Municipal de Moji das Cruzes, e que supre só em parte a falta de cifras anuais regulares para as importações do gado do Sul, dos 32.413 animais que entre 1767 e 1768 pagam ali a cota do Novo Imposto, cujo produto se destina à reedificação de Lisboa, depois do terremoto, acha-se assinalado o destino de 17.623, e entre esses, mais de 80% dos vacuns seguem para o Rio de Janeiro, ao passo que quase 99% se encaminham para Minas. Dos cavalares, sem contar os que se venderam em São Paulo, passam 972 para Minas e 319 para o Rio. A proporção não é constante, pois no triênio imediato — 1769 a 1771 — passam pelo registro de Curitiba 30.300 cabeças, com grande predomínio de cavalares — 53% —, seguindo-se, nessa ordem, muares e bovinos. É presumível, mas sem certeza, que desse número de cavalares importados, onde estão incluídas éguas, mas estas em quantidade bem menor, por isto que a frequente prenhez se inabilita para o trabalho, se deixem ficar na capitania de São Paulo, onde começam a ser então assinalados em grande número nos inventários.

O trânsito pelo Vale do Paraíba é agora facilitado pela nova estrada que, ao menos na parte paulista, mandou fazer o governador Rodrigo César de Menezes (1721-1727), para maior facilidade das comunicações com o Rio de Janeiro. Na parte propriamente fluminense, seu prolongamento encontrou muitos opositores, inclusive entre os padres da Companhia de Jesus, proprietária da Fazenda de Santa Cruz. Apenas o ponto terminal da estrada foi deslocado de Parati, desmembrada de São Paulo em 1726, para o litoral angrense. Já se conheciam, aliás, algumas "estradas de barro" que desembocavam na região de Angra, como a do Facão (Cunha) a Mambucaba, passando por Campos Novos, ou a de Areias a Mambucaba, passando por São José do Barreiro, ou as que de Bananal rumavam para Aririé e o Frade. Com o tempo, o entreposto preferido será o dos Santos Reis Magos, e a tal ponto que a barra de Angra dos Reis se tornará o escoadouro natural de grande parte do Sul fluminense, boa parte da Mata mineira e também de quase todo o "Norte" paulista, só o excedendo no movimento comercial, o porto do Rio de Janeiro. Isso até meados do século XIX e mesmo até a construção da estrada de ferro de d. Pedro II. Podia-se fazer também o percurso por terra para a Corte, mas era tão pouco frequentado, que não se chegou ainda hoje a acordo tranquilo sobre o verdadeiro trajeto do príncipe d. Pedro em terras fluminenses, na viagem de 1822 a São Paulo, onde proclamaria a Independência.

Sabe-se que nessa viagem foram consumidos onze dias, sete dos quais em território paulista, a partir de Guaratinguetá. Para se ajuizar do escasso progresso havido no sistema de transporte pelo Vale do Paraíba paulista desde que se generalizara o uso de cavalares naquela região, é de notar que, já em 1751, d. Antônio Rolim de Moura e sua comitiva também tinham gasto sete dias no mesmo trecho, percorrendo-o em sentido inverso, isto é, de São Paulo a Guaratinguetá. Nos dois casos, convém dizê-lo, era possível abreviar o percurso. É sabido que na viagem de volta d. Pedro levará apenas cinco dias em todo o trajeto entre São Paulo e o Rio. E setenta anos antes, o conde de Azambuja achara muitos os sete dias de sua viagem de São Paulo a Guaratinguetá, pondo a culpa da demora no ouvidor que o acompanha e que, dizia, não era amigo de madrugar, nem aturava sol forte. Além disso foi comboiado por uns pretos tão pouco experientes que se enganaram no caminho logo à saída da cidade.

Seja como for, o trânsito de tropas de animais, se não serve para restituir ao Vale do Paraíba paulista a relativa prosperidade alcançada durante os primeiros tempos da idade do ouro em Minas Gerais, serve ao menos para pôr um pouco de remédio à pobreza de seus habitantes. É significativo a respeito o escrito de 1783 intitulado *Divertimento admirável para os historiadores observarem as máquinas do mundo*, onde o autor, que se chamava Manuel Cardoso de Abreu e era natural de Itu ou Araritaguaba (Porto Feliz), diz das vilas do chamado Norte da capitania de São Paulo que são todas "muito pobres e a maior parte miseráveis, porque os seus efeitos, que são mantimentos, apenas dão para vestirem e comerem o sal, vendendo uns na mesma cidade (de São Paulo) e outros para o Rio de Janeiro e também aos passageiros...". A facilidade maior de comunicações oferecida pela estrada geral do sertão, e era como se chamava o caminho aberto ali por ordem de Rodrigo César de Menezes, haveria de dar alguma vida aos núcleos de população a que ela servia. Tanto mais quanto os moradores não tinham necessidade de alongar-se muito de casa se quisessem vender seus efeitos, já que aos tropeiros não custaria ir receber ou completar as cargas que conduzissem. O recurso, agora, a cavalares ou muares para transporte, permitiu fixar-se melhor o significado da carga ou "carga de comerciante", que ficava sendo a quarta ou a quinta parte do peso que cada animal aturava. Como se estimava comumente em 8 a 10 arrobas esse peso, distribuído por ambos os lados das cangalhas, resulta que uma carga de negociante equivalia a 2 arrobas. Aliás, a primeira provisão para a venda de cangalhas de que há notícia na documentação municipal paulistana é de 1738, cinco anos depois da viagem de Cristóvão Pereira! Não significa isso que tal peça fosse novidade, mas dá a entender que já se tornara uma necessidade.

De que gêneros poderiam abastecer-se eventualmente no Vale do Paraíba os tropeiros em trânsito para o Rio de Janeiro e Minas Gerais? Em valioso estudo acerca da estrutura social de Guaratinguetá num período de trezentos anos que, publicado em 1948, conserva hoje muito de sua atualidade, e cujas conclusões são aplicáveis *grosso modo* a toda a bacia do Paraíba paulista, ainda que se concentrem de modo expresso em Guaratinguetá, observava Lucila Herrmann que seus moradores durante muito tempo desenvolveram a policultura baseada na lavoura de alimentos para homens e animais (milho, mandioca, arroz, feijão, pastagens etc.) ou ligada à indústria doméstica (farinha, melado, rapadura, algodão) e à criação, principalmente de porcos. Por essa forma proveriam a própria subsistência e ainda utilizaram as sobras no "comércio de beira de estrada" com os viajantes que demandavam as minas das Gerais ou os portos de Parati e Ubatuba. A essa fase associa-se, para a autora, o que chamou o "ciclo da economia de subsistência", baseado largamente na lavoura do milho e na criação de porcos. Corre o período aproximadamente de 1630 a 1775, preponderando a pequena propriedade rural com pouca ou nenhuma escravatura.

A essa irá seguir-se, segundo a autora, o que chama o "ciclo dos engenhos", quando a invasão dos canaviais introduz um produto apto ao abastecimento dos mercados e à crescente acumulação de cabedais, isso a partir de 1775 até bem entrado o século XIX. Convém notar que neste ponto, porém, o que pode ser válido para Guaratinguetá deixa de sê-lo, ou não o é, no mesmo grau, para o Vale do Paraíba paulista em seu conjunto. A verdadeira área de eleição da cana-de-açúcar na capitania, depois província de São Paulo, é e continua a ser, desde fins do século XVIII, até meados do seguinte, a que se compreende no quadrilátero marcado grosseiramente por Sorocaba, Piracicaba, Moji Guaçu e Jundiaí, conforme resulta nitidamente dos estudos de

Caio Prado Júnior, desenvolvidos ultimamente, e nesse particular enriquecidos por Maria Tereza Schorer Petrone. De acordo com os dados compilados pelo capitão-general Antônio Manuel de Melo Castro Mendonça (1797-1802), só o termo de Itu dá, em 1728, 64.809 arrobas de açúcar, perto de seis vezes mais do que todo o Vale do Paraíba e mais Moji das Cruzes, que produziu 11.482 arrobas. No ano de 1799 eleva-se a produção açucareira do Vale do Paraíba, abrangendo Moji das Cruzes, a 16.663, inferior à da vila de São Carlos, a atual Campinas, com 16.875, muito inferior à de Porto Feliz, com 30.672 e, naturalmente, muitas vezes menor do que a de Itu. Nesse mesmo ano a produção global da área compreendida no "quadrilátero do açúcar" é, segundo os mesmos dados, de 141.687 arrobas de açúcar. Mais modestas, e em todo caso mais consideráveis do que as do Vale do Paraíba, são as cifras correspondentes à marinha. Não se conhecem dados completos acerca da produção açucareira do litoral paulista, mas só São Sebastião produz 21.090 em 1798 e 39.893 em 1799, ou seja, duas vezes a mais do que o "Norte" da capitania.

A desproporção verificada nos últimos anos do século XVIII se acentua consideravelmente nas décadas seguintes e, embora o estudo de Lucila Herrmann para Guaratinguetá prolongue o "ciclo dos engenhos" até

1836, os números divulgados para 1835 pelo marechal Daniel Pedro Müller no *Ensaio de um quadro estatístico da província de São Paulo* atestam eloquentemente o seu declínio. Guaratinguetá ainda é, então, como sempre o fora, o maior município açucareiro do "Norte" paulista, mas sua produção agora não vai a mais de 1.114 arrobas, sendo a de todo o Vale do Paraíba de 3.724, que é, de qualquer forma, uma cifra ridícula se comparada às 446.577 arrobas que produzem as vilas compreendidas no "quadrilátero açucareiro". Para esses resultados, entretanto, contribui de modo decisivo a penetração, ao longo do Vale do Paraíba paulista, da lavoura cafeeira, que vai dar incremento novo e pode-se dizer, sem precedentes, à economia e à sociedade da região.

Não é excessivo dizer, de qualquer maneira, que a lavoura canavieira preparou ali, de algum modo, a infraestrutura sobre a qual haverão de implantar-se, com perspectivas muito mais amplas, os cafezais. A rigor, o chamado ciclo dos engenhos não é muito mais, nesse caso, do que um prolongamento e um enriquecimento da lavoura de subsistência da fase anterior. No estudo há pouco lembrado de L. Herrmann, este ponto fica bem-caracterizado onde se diz que, "não obstante a invasão dos canaviais, o característico do ciclo anterior perdura no dos engenhos: a estrutura econômica repousa sobre a pequena propriedade". Há, sem dúvida, umas poucas exceções, como, em Guaratinguetá, o engenho da Conceição, em Putim, à margem esquerda do rio Paraíba, mas é preciso notar que nele, ao lado da produção de açúcar, havia criação de gado, o que requeria espaços maiores para pastagens. De resto, o falar-se em engenhos, a propósito da fase em que predominou a lavoura canavieira na região, presta-se a reparos, dado que tende a excluir os foreiros, os que "lavram a favor" e todos os que se valem de engenho alheio, não tendo de próprio senão os seus próprios canaviais, e seriam provavelmente a maioria. No estudo de Lucila Herrmann é devidamente assinalada a presença dessa categoria, formada de indivíduos que tinham terra, às vezes, e recursos, para plantar sua cana, mas não dispunham do necessário para beneficiar o produto ou, quando muito, faziam rústicas de rapadura e aguardente.

A seu respeito observa mesmo, a pesquisadora, que seria lícito "interpretar esse hábito do empréstimo do engenho alheio como uma forma embrionária da cooperativa agrícola. Do produto, açúcar, aguardente, uma parte pertence ao proprietário do engenho, pelo pagamento do aluguel, outra ao plantador". Também se poderia, com mais razão, filiá-lo às "banalidades" medievais, por onde aquele que obtivesse concessão régia especial para construir um moinho de trigo, por exemplo, ou um lagar de azeite, se obrigava a colocá-lo à disposição dos lavradores mediante o pagamento com uma parte da farinha ou do azeite produzidos, parte que se chamava, em português, a "maquia", ao senhor do estabelecimento. Em Portugal, o sistema existiu de longa data e foi introduzido desde cedo no Brasil. Quem, em São Paulo, no século XVII, mais exatamente depois de 1610, quando se autorizou a importação de sementes de trigo ou bacelos, aparentemente do rio da Prata, quisesse moer trigo, teria de apelar, se não tivesse moinho, para os que tivessem moenda particular, e estes pertenciam quase sempre à gente principal da terra, ou mais abonada, pois além dos gastos para armá-lo, tinham facilidades maiores para obter "data de água e assento". A partir de 1614, começaram a aparecer desses moinhos "banais" na vila de São Paulo, ou registros de datas para levantá-los, como o de João Fernandes Saavedra, no caminho de Pinheiros, os dois de Manuel João Branco para a banda do Jerobatuba, que era o outro nome do mesmo rio Pinheiros, o de Cornélio de Arzão, provavelmente no Anhangabaú, o de Amador Bueno, à margem do Mandaqui...

Mas o princípio também vigorou, no Brasil, para lavoura e o fabrico do açúcar, e não apenas em São Paulo ou no Vale do Paraíba paulista. Antonil estende-se largamente sobre as relações efetivas ou ideais do senhor de engenho com os lavradores que dele dependiam, forçosamente ou não. Era este último o caso dos que, por antiga obrigação ou contrato, só podiam moer sua cana em um mesmo engenho onde tinham partido arrendado e também os que, donos de plantação própria, ou cujo contrato de arrendamento não contivesse cláusula que os compelisse a mandar a cana produzida ao proprietário, podiam, ao menos teoricamente, escolher a moenda que melhor lhes conviesse. No primeiro caso estavam os chamados "lavradores obrigados" e nos outros os "lavradores livres", e a cana levada a moer chamava-se ora "cativa", ora livre ou isenta. Na prática acontecia quase sempre que ambas se equivalessem, pois ao lavrador era de toda conveniência levar a moer seu produto no engenho mais próximo, ao passo que o dono da moenda tinha como forçá-lo a recorrer aos seus préstimos, acrescentando ou abatendo na quantidade e qualidade do açúcar que exigisse em paga do trabalho feito. A diferença está em que o senhor de engenho, ao contrário do senhor de moinho de trigo — ou de milho —, não dependia ou dependia menos, do poder público, para erigir seu estabelecimento. Por isso, ou porque precisasse gastar mais em máquinas e em pessoal, estava ao alcance do primeiro cobrar do lavrador metade de todo o produto beneficiado, ou mais ainda, quando se tratasse de lavrador "livre", ao passo que a maquia do moleiro dependia de posturas que a fixavam geralmente na sétima, quando muito na quarta parte da farinha obtida.

Todo esse "complexo" da cana-de-açúcar, elaborado nas capitanias do Nordeste (ou talvez já na ilha da Madeira) reproduz-se em São Paulo. Se existe diferença é na nomenclatura: assim, ao nome de "casa-grande" substitui-se aqui o de "sede". E ao senhor de engenho chama-se "engenheiro", até que esta designação passe a ser monopolizada pelo tipo profissional que a guarda para si nos dias atuais. A verdade é que na província de São Paulo e, mais ainda, no Vale do Paraíba da época, não sobrou tempo para desenvolver-se um complexo independente da cana-de-açúcar. A passagem da fase da lavoura de subsistência fez-se aqui sem sobressaltos e descontinuidades, e, em realidade, a riqueza nova não é tamanha que chegue a apagar as antigas usanças e nem as virtudes civis e domésticas que se mantiveram como hibernadas nos tempos da mais triste e apagada pobreza. Saint-Hilaire, viajando pelo Vale do Paraíba, pôde notar que seus moradores, como os paulistas em geral, se mantinham ainda fiéis à rede de dormir e descansar, em contraste com os mineiros que, quase todos, tinham já abandonado esse uso herdado dos índios e dos bandeirantes, para se afeiçoarem à cama e ao catre, que são trastes de emboaba. A vigilância eclesiástica ainda tinha como preservar a discrição no trajar, sobretudo entre mulheres, e um vigário de Guaratinguetá ameaça com a pena de excomunhão às que andem de saia tão curta que lhes "apareção os artelhos dos pés" ou caiam "à maneira de degraus de sepulcro, aparecendo mais interior, nova moda que com escândalo de toda a modéstia e honestidade tem entretido o demônio". Não impedia isso que os próprios clérigos, com todo o prestígio de que desfrutavam, ou até por causa de sua preeminência social, tivessem vida menos solta de costumes do que os do resto do Brasil, sem que essa soltura os desconceitue na comunidade. O governador Franca e Horta (1802-1811), que tivera ordem de intensificar na capitania paulista o recrutamento para as guerras do Sul, precisou, certa vez, desenganar o capitão-mor de Taubaté da curiosa crença de que a obrigação de alistamento não se entendia com filhos de padre.

Não obstante esses resíduos arcaicos, os moradores do Vale do Paraíba continuam, ainda na fase em que a policultura primitiva parece querer dar lugar à monocultura canavieira, a fazer longas viagens, de preferência para o Rio de Janeiro, a fim de se proverem das últimas novidades fluminenses e europeias. Spix e Martius, que correram toda a região nas últimas semanas de 1817 e nas primeiras de 1818, só encontraram janelas envidraçadas desde que saíram do Rio, quando chegaram ao vilarejo de Guaratinguetá. Os contatos e os negócios dos habitantes da maior parte da área regada pelo rio Paraíba, mais facilmente se faziam com o Rio de Janeiro do que com a capital da província. Essa situação só começava a mudar em Taubaté, que tinha comércio maior com São Paulo, embora os naturalistas bávaros julgassem notar que ainda subsistia, maldisfarçada, a animosidade velha dos taubateanos contra os paulistanos. Sabe-se, dos últimos, que pagavam na mesma moeda a malquerença, conforme uma trova dizia:

Cavalo pangaré,
Mulher que mija, de pé,
Gente de Taubaté,
Libera-nos domine...

O que pouco notaram os naturalistas, bons observadores e botânicos de alto renome, principalmente Martius, porque Spix era principalmente zoólogo, foram canaviais. Em Bananal, o que especialmente lhes chamou a atenção foram os milharais, que seriam, então, a principal plantação do distrito. Em Silveiras assinalam, é certo, plantações de cana, mas depois do milho e da mandioca. Em Guaratinguetá destacam, sobretudo, o tabaco, parecendo-lhes ali o solo singularmente adequado ao seu cultivo, tanto que o fumo local, *tabaco de serra acima*, como era geralmente chamado, só dava primazia ao *tabaco da marinha*, mormente ao que se fabricava na ilha de São Sebastião. Em Taubaté observaram a bondade das esteiras de palha lá fabricadas e que tinham aceitação até na Corte, e da lavoura, sem especificar qual fosse, salvo onde falasse nas uvas de boa qualidade que medravam naquela latitude ainda tropical. Mas o que chamou mais vivamente sua atenção, nos arredores da vila, foram as fazendas de criação. Há muita notícia, pela mesma época, da presença dessas fazendas em toda a extensão do Vale do Paraíba paulista, e não é muito querer enlaçar esse fato ao crescente influxo de naturais de Minas, que desde fins do século XVIII se vai fazer sentir cada vez mais, não só aqui como no Norte verdadeiro da capitania de São Paulo, o Norte de Franca, Batatais, e também de Casa Branca, onde também se tentou o estabelecimento de casais de ilhéus, à maneira do que se tinha feito anteriormente no Rio Grande de São Pedro. Essas migrações têm sido frequentemente atribuídas ao declínio da mineração, embora os lugares de procedência (Itajubá, Campanha, Aiuruoca, Pouso Alto, Baependi e outros) não pertencessem sempre a áreas onde a tradição das lavras de ouro e pedras preciosas fosse mais poderosa ou persistente. Por outro lado parece fora de dúvida que a tais migrações, e não só ao crescimento demográfico vegetativo ou às promessas de riqueza fácil oferecidas por alguma lavoura de cunho comercial, como seria mais tarde a do café, se deve atribuir o aparecimento em rápida sucessão de novas vilas numa região que, situada no caminho entre as cidades de São Paulo e do Rio de Janeiro, podia retirar proveito de tal situação. É notório, aliás, que à vaidade pessoal de certos capitães-generais amigos de perpetuar a lembrança de sua administração na toponímia das terras que governaram, se atribuiu o terem dado autonomia municipal a povoados que não mereciam tanta honra, a fim de lhes impor o próprio nome.

Ninguém fez mais por merecer essas críticas, em São Paulo, do que d. Luís Antônio de Sousa Botelho Mourão, o morgado de Mateus (1765-1775). A ele se deve a elevação a vila, em 1767, de São José dos Campos, onde não ousou mudar o orago, mas em 1770 mandou erigir pelourinho, condecorando-a com seu onomástico, na localidade que passou a chamar-se São Luís do Paraitinga. Mais sóbrio, mas apenas nesse particular, será o governador seguinte, Martim Lopes Lobo Aires de Saldanha (1775-1782) e, em verdade, nem poderia, sem grosseira incongruência, dar-se ao abuso que tão insistentemente critica em seu antecessor. Contudo, Francisco da Cunha Menezes, que exerceu o governo logo depois (1782-1786), mas que deve deixar a capitania para ir assumir posto semelhante na Índia, não o fará sem antes criar, em 1785, na antiga freguesia do Facão, a vila de Cunha, assim nomeada por causa de seu apelido. A Francisco da Cunha sucede Bernardo José de Lorena (1788-1797), depois do governo interino do marechal frei José Raimundo Chichorro (1786-1788), e já no ano da sua chegada, 1788, eleva-se a vila a freguesia de Nossa Senhora da Piedade de Guaipacaré, com o nome de Lorena. Já em 1781, aproximadamente, começa a povoar-se o sítio de Nossa Senhora da Conceição de Embaú, a futura Cruzeiro. Pelo mesmo ano, ou pouco depois, desenvolvem-se pequenos núcleos nos sítios onde se erguerão as vilas de Bananal, Cachoeira, Areias, Silveiras, e de um aldeamento de índios (puris), criado em 1800, nasce Queluz. Alguns desses núcleos vão conhecer nos anos imediatos notável incremento, a começar por Areias, que a bem dizer ainda não existe em 1800, e já é vila em 1816. De Areias dependera, no eclesiástico, a localidade de Bananal, que se emancipa em 1811 para formar paróquia própria, se torna vila em 1832, e cidade em 1849. Já agora alcançara toda a sua pujança a era do café no Vale do Paraíba paulista e começava a conquistar novas áreas.

Quando principiou essa lavoura a ganhar o "Norte" da província? O aparecimento do café no rol das exportações paulistas não era novidade. "O mais velho dos documentos da exportação por Santos até hoje desvendado data de 1795", escreve Afonso d'E. Taunay, referindo-se a uma remessa do marechal José Arouche de Toledo Rendon a seu irmão, Diogo de Toledo Lara Ordonhes, então em Lisboa. E em outro lugar, escreve ainda Taunay — "Documentos insofismáveis nos autorizam a crer que a partir de 1797 jamais deixou de se dar a exportação paulista de café, quiçá com intermitências maiores ou menores." O acesso, hoje mais fácil, a antigos mapas de importação e exportação, permite modificar um tanto esses dados. A primeira remessa de café produzido em São Paulo, de que há notícia segura, ocorre, de fato, bem antes, em 1792, tendo ido na galera *Nossa Senhora Madre de Deus e São José Belona*, e não é a única do ano. De 1794 é a primeira remessa de José Arouche ao irmão, o que não impede a existência da outra remessa de 1795, a que se refere Taunay. No mesmo ano de 1794, em que foram aquelas amostras, zarparam para Lisboa uma galera, uma sumaca e três navios, todos levando café. Faltam elementos que permitem estimar o montante em arrobas dessas remessas, mas pode-se dizer, se as primeiras saíram em 1792, que coincidiram com as 160 arrobas que na mesma data deixaram a Guanabara com destino a Lisboa. Da capitania de São Paulo, sabe-se, pelos dados que compilou o capitão-general Antônio Manuel de Meio Castro e Mendonça, de um embarque, em 1799, de 1.040 arrobas, e nesse total entram 628 arrobas, mais de 60% destinadas ao Rio de Janeiro, e teriam servido, talvez, para engrossar as exportações fluminenses. Fluminenses no sentido em que era usada então a palavra, e que podia abranger os naturais da cidade do Rio.

Aquele total refere-se, porém, a exportações feitas pelos portos paulistas, entre Ubatuba e Paranaguá, então pertencente à capitania de São Paulo. Do Vale do Paraíba, se alguma exportação houve, não se pode ter certeza, pois em 1799 ainda não existia nem sequer o registro de Cunha, e se já existisse só forneceria dados bastante incompletos a respeito, já que não incluiriam áreas mais vizinhas da província fluminense. Nem se pode afirmar com segurança que já então houvesse plantio de café em tais áreas. Se fosse lícito aceitar ao pé da letra as informações de Antônio Manuel de Melo Castro e Mendonça, o “Pilatos”, como era chamado pelos paulistas, não existia ou era insignificante. “Ele vegeta e produz bem em toda a Capitania”, escreve, “mas com especialidade na Marinha, onde o clima, por quente e úmido, concorre sobremaneira para a sua melhor frutificação, de forma que pela grandeza de cada grão se distingue o que há da Marinha ou da Serra acima, sem que este acidente o faça diverso na qualidade". E acrescenta que, não obstante a boa qualidade do solo assim como a facilidade e pouca despesa para o aproveitamento, por isso que o cafeeiro só requer colheita, separação da primeira casca e seca dos grãos, que se fazem com poucos gastos, ninguém cuidara, na capitania, de fazer dele cultivo regular, visando o mercado. "A cultura deste gênero", diz mais, "não passa de alguns pés, que cada hum dispersadamente planta nas suas fazendas para ornato das ruas e passeios dellas..." O litoral a que provavelmente quer aludir o "Pilatos" é provavelmente a marinha de Santos e a de Ubatuba que, nos mapas de exportação anexos à sua *Memória econômico-política*, são os portos de onde saem as maiores remessas. O café de serra acima descendia talvez das mudas plantadas primeiramente em Jundiaí, segundo consta, já nos fins do século XVIII e que se propagaram em seguida para os municípios vizinhos.

É possível que pela mesma época começasse a penetrar o café na parte paulista do Vale do Paraíba, por onde se prolongariam as plantações do planalto fluminense. Segundo a versão mais geralmente acreditada, do café que por volta de 1760 levou do Maranhão ao Rio de Janeiro o desembargador João Alberto Castelo Branco, procedem as plantações do padre João Lopes e depois as do padre Antônio do Couto, na fazenda do Mendanha, situada na freguesia de Campo Grande. Foi do Mendanha que começaram a subir os cafezais para serra acima, na direção de São João Marcos e, finalmente, de Areias, onde chegariam por volta de 1790 ou pouco mais tarde, propagando-se em seguida nos municípios paulistas das proximidades. Estaria nisto uma das causas da prosperidade rápida que alcançaram logo ao início do século XIX não só Areias como Bananal e Queluz? O fato é que pelo primeiro decênio do mesmo século XIX não deixa de ser mencionado o café entre os produtos que, de São Paulo, se exportavam para o Rio de Janeiro e Minas pela via terrestre, e a via terrestre, no caso, só podia correr pelo Vale do Paraíba, e, mais precisamente, por Areias. De Areias escreve monsenhor Pizarro, nas *Memórias históricas* do Rio de *Janeiro* (1822), que seu terreno era fértil, "especialmente em caffé, que d'ahi se exporta pelo caminho de terra para o Rio de Janeiro, onde (é) vendido a 2 mil-réis cada arroba". Também de Lorena, município de que em 1816 se desmembrou Areias, a que foram adjudicadas as freguesias do Bananal e Queluz, escreve Pizarro que é fértil também em café, "em cujo gênero consiste a principal agricultura dos habitantes...". Nas localidades que se seguem, em direção a São Paulo, também já aparece o café, ao lado, ora da cana-de-açúcar (Guaratinguetá e

Pindamonhangaba), ora do açúcar e do fumo (Taubaté e Jacareí). De Jacareí consta que exporta "por São Sebastião e por Santos abundante café e fumo: e por terra muita porcada". Quanto a Moji, exporta "algum café, algodão em rama, e tecido e porcos".

Seria de data relativamente recente a expansão ou, ao menos, a produção dos cafezais no chamado Norte de São Paulo, pois ao publicar em 1817 a sua *Corografia brazílica,* Aires do Casal não chega a arrolá-los ainda entre as riquezas da região, embora registre o algodão, o tabaco, o açúcar (em Taubaté e, principalmente, em Guaratinguetá), mantimentos em geral, além de porcos, galinhas e gado grosso. Seja como for, a grande lavoura cafeeira não começa a afirmar-se aqui senão na terceira década do século XIX, e seu ápice situa-se no período que corre de 1836 a 1886. Em Guaratinguetá, por exemplo, produzem-se, em 1836, 22.442, em 1854, 100.885, em 1886, 350 mil arrobas, seguindo-se um declínio quase vertical. A população local também se desenvolve paralelamente durante esse meio século, se bem que num ritmo mais moderado: de 7.658 almas em 1836, sobe a 11.482 em 1854 (excluindo-se Aparecida) e a 25.632 em 1886. Ao abatimento posterior na produção cafeeira não corresponde, ao que se poderia esperar, uma sensível redução do ritmo da expansão demográfica, pois em 1920, ao passo que a produção havia caído a 97.687 arrobas, menos de um terço dos totais de 1886, a população tivera um incremento de perto de 70% em igual período. E embora sem alinhar as cifras relativas a outros lugares do Vale do Paraíba paulista, não parece arbitrário admitir que passaram por um processo semelhante, ao menos os que foram diretamente servidos pela linha da Central do Brasil, que teria agido ali como um condensador demográfico.

É também por volta de 1820 que começam a surgir em toda aquela área as residências senhoriais, que marcam o apogeu da civilização do café em São Paulo, antes de trasladar-se para o Oeste da província, e de que alguns dos mais belos exemplares se acham aqui representados. Segundo presunção de Tom Maia, que fixou em belos desenhos muitas dessas vivendas, uma das mais antigas, senão a mais antiga, seria a sede da fazenda Pau d'Alho, situada em São José do Barreiro, e ora em curso de restauração para nela instalar-se o Museu Nacional do Café. A uberdade do solo, sugerida no próprio nome da fazenda, que é o da árvore própria de terras aptas ao cultivo da rubiácea, além de sua localização no caminho de Areias, mostra talvez uma das portas de ingresso na província dos cafezais fluminenses. À fazenda refere-se Saint-Hilaire, que nela passou em abril de 1822, a caminho do Rio, e diz que é a maior plantação avistada em sua viagem, até aquele momento. Em agosto do mesmo ano jantou ali o príncipe regente d. Pedro, na viagem em sentido contrário, que o conduziu a São Paulo e à proclamação da Independência. Hoje, apesar dos estragos do tempo, é reconhecível ainda o aspecto do casarão cuja estrutura, segundo os especialistas do Iphan (Instituto do Patrimônio Histórico e Artístico Nacional), segue as linhas tradicionais dos engenhos fluminenses, assim como a das fazendas mineiras, com seu embasamento de pedra e as paredes de pau a pique, a denunciarem, no conjunto, um "notável amadurecimento do problema rural cafezista".

A ela ainda não se referem Spix e Martius, que, no entanto, aludem à localidade do "Barreiro", por onde passaram, depois de deixar Bananal, situada a coisa de 5 léguas de distância. Não prova essa omissão que a fazenda, ou a sede da fazenda, do Pau d'Alho, cuja presença se imporá tão visivelmente em 1822, ainda fossem inexistentes em 1817, mas sugere ao menos que a casa onde jantou d. Pedro teria sido construída no intervalo. Essa suposição é reforçada pela circunstância de não figurar seu proprietário João Ferreira, ou João Ferreira de Sousa, o mesmo que juntamente com um filho, Francisco, acompanhou o príncipe no resto do percurso, pertencendo ambos à sua guarda de honra, entre os que, de acordo com o tombamento daquele ano, teriam na província de São Paulo mais de trinta escravos, que ainda era um mínimo compatível com tamanha plantação. No município de Areias, onde então se achava o lugar do Barreiro, já havia, no entanto, dois fazendeiros com escravatura relativamente numerosa, e que se acham devidamente arrolados no mesmo tombamento de 1817. Um deles, com cinquenta escravos, é o capitão-mor Domingos da Silva, que tem a fazenda do Ribeirão, entre o Pau d'Alho e Areias, distando desta cerca de uma légua. Ao mesmo proprietário se refere Francisco de Castro Canto e Meio, no passo de sua relação da viagem de d. Pedro, onde se lê: "No dia seguinte, 17 (de agosto), foi o pouso em Areias. Nesse dia, jantou o príncipe na fazenda do coronel João Ferreira, no Pau d'Alho, e, seguindo, parou na casa do capitão-mor Domingos da Silva, onde teve o mais franco e generoso acolhimento."

Trata-se de Domingos da Silva Moreira, natural de Pouso Alto, Minas Gerais, e foi dos primeiros povoadores de Areias, onde se estabeleceu seu pai, oriundo de Taubaté ou Pindamonhangaba, por volta de 1796, com toda a família, e viria a ser uma das figuras conspícuas da região, juntamente com o coronel João Ferreira, cujo nome está associado, assim como o do alferes José Gomes dos Santos, às origens da cidade de São José do Barreiro. Consta, com efeito, que ambos, "pelos anos de 1820, pouco mais ou menos", escreve Azevedo Marques, repartiram certa extensão de terra de sua propriedade, ali edificando um templo com a invocação de São José. Em 1836, tornou-se capela curada, e em 1842, sede de freguesia. Do núcleo formado nas proximidades do Pau d'Alho nasceria em 1859 a vila, desmembrada do município de Areias, e em 1885 a cidade de São João do Barreiro. No tombamento provincial de 1817 o outro nome a figurar, com fazenda no mesmo município, é o de Gabriel Serafim, com um total de 43 escravos. Trata-se, com certeza, do futuro capitão-mor Gabriel Serafim da Silva, dono da fazenda Quilombo, que seria senhor de muita terra, muito escravo, muito dinheiro amealhado em casa. Este em tal abundância que, ao morrer o capitão, celibatário e sem filhos, a casa lhe foi saqueada, e quase se pode dizer que dela não ficou pedra sobre pedra. Essa, pelo menos, a tradição, guardada e transmitida pelo historiador e genealogista do Vale do Paraíba paulista, Carlos da Silveira.

Entretanto, os três senhores de escravos do município de Areias registrados no tombamento de 1817 ainda estão bem longe de figurar entre os maiores proprietários rurais da província que assinala o mesmo rol. O maior é, de longe, o coronel Luís Antônio de Sousa, que ali aparece com 290 escravos. Esse magnata que, ao seu tempo, foi dos homens mais opulentos de São Paulo e do Brasil, tinha porém suas propriedades rurais em Campinas, não no Vale do Paraíba, e cultivava açúcar, não, ou pelo menos não em escala apreciável, café. Dele escreveu Luís d'Alincourt no ano seguinte (1818), que só na área campineira tinha 17 engenhos de cana, com uma colheita anual não inferior a 30 mil arrobas de açúcar, e que a renda de sua casa andava em 80 mil cruzados, sendo que um só dos engenhos rendera 9 contos de réis em 1817. Tirante, porém, o futuro brigadeiro Luís Antônio, nenhum outro proprietário rural tinha em São Paulo maior número de escravos do que o sargento-mor Manuel José de Melo, com 180 cativos em sua fazenda de Guaratinguetá. Português de São João da Foz, Manuel José cedo se estabeleceu na região, onde foi ligado por casamento à família antiga da terra e onde tinha fazenda não nomeada no tombamento. Sua ou de sua gente era a fazenda do Barbosa, tão bem-representada no presente documentário iconográfico. O apelido era frequente em Guaratinguetá entre a larga descendência de Diogo Barbosa Rego, que viveu na mesma vila e nela faleceu em 1661, apenas quatro anos depois de fundada, e será tetravô da mulher do sargento-mor. Haveria simples coincidência nessa homonímia que parece relacionar a fazenda de Manuel José de Melo à geração de Diogo Barbosa? Note-se, porém, que se a propriedade ainda hoje conhecida como fazenda dos Barbosa é a mesma em que labutavam 180 cativos no ano de 1817 — e duzentos no seguinte, segundo resulta do Recenseamento das Ordenanças de 1818 —, outra é a sede representada no final desta publicação. Esta, de acordo com pesquisas efetuadas por Thereza Regina de Camargo Maia, foi edificada já nos meados do século passado e deveria ser casa "que durasse sempre" segundo seu proprietário. Pelas mesmas pesquisas fica-se sabendo que cinco anos se consumiram só na socagem das taipas e que — assim o diz a tradição — trabalhavam nesse serviço, durante a noite, os mesmos escravos que de dia tinham estado no eito.

A fazenda de Manuel José não era a única que, na província de São Paulo, tinha 180 escravos em 1817. Outros tantos trabalhavam na Conceição, do alferes Luís Gonçalves, em Bananal. Logo em seguida, vinha com 150 escravos a de Braz Oliveira Arruda, chamada Pouso Seco, também em Bananal. O lugar de Pouso Seco ficava exatamente por onde passou d. Pedro em 1822, antes de alcançar a fazenda Três Barras do "fazendeiro Hilário", que deveria hospedá-lo. Esse fazendeiro, de quem Francisco de Castro, em sua relação da viagem do príncipe regente a São Paulo, só dá o prenome, tinha também fazenda em São João Marcos, na província fluminense, e ali havia pousado, no dia anterior, o futuro imperador. Chamava-se Hilário Gomes Nogueira, e era sogro de Braz Oliveira Arruda, o proprietário de Pouso Seco. Isso faz presumir que as ditas fazendas poderiam originar-se de uma só e vasta propriedade. A julgar pelo tombamento de 1817, faria pobre figura a Três Barras ao lado da Pouso Seco, já que Hilário não possuía ali mais de 45 escravos, ao passo que Braz, seu genro, tinha, na propriedade contígua, exatamente quatro vezes esse número. Nem por isso Hilário Gomes deixava de ser fazendeiro respeitável na época, mesmo sem entrarem em linha de conta suas terras na província do Rio. O pintor Rugendas, que conhecia bem essa província, escreveu, com efeito, que já podiam então ser consideradas importantes as fazendas com 34 escravos e outros tantos cavalos e bois. Em 1860 esteve Emílio Zaluar em Três Barras, depois de deixar a fazenda do então barão da Bela Vista, mais tarde visconde de Aguiar Toledo, e antes de visitar em Bananal a do comendador Manuel de Aguiar Valin (que também seria titular do Império quando, em 1884, foi feito barão de Aguiar Valin) e admirou vivamente nas paredes da sala e da capela as pinturas do artista espanhol José Maria Villaronga, não Vilarongo como está em seu livro. Todo o edifício que, no estado atual, se acha representado no presente documentário, com o nome de fazenda Resgate, está sendo restaurado, e uma vez terminadas as obras deverão estar recuperadas as pinturas que tanto entusiasmaram o visitante português.

A ênfase que se possa dar ao papel de Bananal na era do café do Vale do Paraíba paulista é plenamente justificada quando se considere a extensão e a produtividade sem par das suas fazendas. Pelo tombamento de 1817, quando a povoação não tinha alcançado a autonomia municipal, havia em suas redondezas, para um total de apenas 84 lavradores, 886 escravos, ou seja, cerca de dez cativos por lavrador, proporção que só encontra equivalente em Cunha. Mas em 1817 ainda estava longe essa área de alcançar a prosperidade que teria mais tarde, principalmente na década que se iniciaria em 1860 quando, com uma arrecadação, em 1864-65, de 36:485$951, e em 1866-67, de 34:281$745, ultrapassa a própria capital que, nos mesmos anos, rende, respectivamente, 26:804$000 e 31:169$000. Por outro lado, a afinidade de interesses e a intimidade de relações com alguns municípios fluminenses e mineiros vizinhos, onde todos os fazendeiros formavam como uma só família, destacavam Bananal do restante da província de São Paulo e até da maior parte do próprio Vale do Paraíba paulista, apesar de todo ele ter na Corte o seu escoadouro natural. Isso pode explicar largamente os propósitos autonomistas que já em 1829 surgiram ali e em outras localidades próximas — Rezende, Valença, Parati, São João Marcos, Ilha Grande, na província do Rio de Janeiro; Campanha e Baependi, em Minas Gerais; Areias, Cunha e Guaratinguetá, em São Paulo. Naquele mesmo ano propôs o padre José Marques da Mota, na Câmara de Rezende, para a nova província o nome dessa cidade, que se tornaria sua capital. Seria talvez o primeiro, mas não será o último plano separatista — separatista com relação a São Paulo — que envolve Bananal ou nela se inicia. Os promotores do movimento de 1829 ficaram tolhidos de levá-lo adiante devido às turbulências do fim do Primeiro Reinado, às agitações do período regencial e finalmente às sublevações de 1842.

Em 1842 não deixaria o "Norte" da província de solidarizar-se com os sentimentos liberais que provocaram a rebelião sorocabana e seu correspondente em Minas Gerais. Independentemente de Sorocaba, ainda que estimulados pelo seu exemplo, sublevaram-se sobretudo em Lorena os liberais, com a conivência de alguns chefes políticos e fazendeiros fluminenses, como os Breves, de São João Marcos, e aos poucos foram dominando ou inquietando toda a região que se estende de Taubaté às fronteiras da província do Rio de Janeiro. Como fossem poucos os homens que poderiam distrair Caxias, ocupado em exterminar os outros focos de rebelião em São Paulo, seguiram diretamente da Corte as forças que deveriam agir nessas partes. Não são poucas as dificuldades ali encontradas, de início, pelas tropas legalistas. Em Areias, os permanentes mandados do Rio de Janeiro se viram severamente castigados entre os dias 21 e 24 de junho, e só puderam salvar-se no último dia, graças à chegada de um corpo de fuzileiros navais mandados igualmente da Corte. Ao contrário do que esperava o governo central, a divulgação das notícias do revés dos liberais paulistas e da entrada do comandante-chefe em Sorocaba, longe de acalmar, teria açulado mais ainda, na aparência, as paixões políticas nesse novo foco de rebeldia, de sorte que se impunha a necessidade de reforços. O próprio Caxias foi a Taubaté, onde a 11 de julho, entretanto, declarou que não havia mais rebeldes na província de São Paulo, ou que estes fugiam e se entregavam. A verdade, porém, é que, logo ao dia seguinte, iria ferir-se nas proximidades de Silveiras, o combate mais sangrento de toda a rebelião. O ataque aos liberais, que dominavam a localidade, foi desfechado pelo capitão Manuel Antônio da Silva, procedente do Rio de Janeiro, prolongando-se os combates várias horas, até que, dominado pelos legais um sítio estratégico, se viram forçados os rebeldes a abandonar suas trincheiras junto a Silveiras. Nessa luta, oito soldados do governo foram mortos e 14 feridos, presumindo-se que, dentre os liberais, quarenta teriam caído sem vida.

Seguiu-se uma cena de saques e devastações em que, na ânsia de vingar os soldados da lei mortos pelos rebeldes, não se distinguiu menos a gente do capitão Manuel Antônio do que o contingente de fuzileiros navais chegados ao lugar só depois do combate. Na Corte, será forçado o ministro da Guerra, José Clemente Pereira, a dar explicações sobre as tropelias que teriam cometido os contingentes legalistas: a principal explicação foi de que estiveram de todo alheias a elas as forças do Exército Pacificador. Com efeito, no dia 13 de julho, quando se consumara o saque a Silveiras, ainda se achava Caxias, seu comandante, em Taubaté, distante 20 léguas do local dos acontecimentos. A 15 avançou até Pindamonhangaba, onde permanecerá ainda todo o dia seguinte. Uma semana depois desembarca no Rio de Janeiro, onde se prepara para a missão nova que o aguarda em Minas. Contudo, o movimento sedicioso de Silveiras e de todo o Nordeste da província de São Paulo não cessará completamente antes de 28 de julho.

Já a 18 de julho fora decretada a separação da mesma província e incorporação à do Rio de Janeiro, dos municípios paulistas de Bananal, Areias, Queluz, Cunha, Silveiras, Lorena e Guaratinguetá. A medida tinha caráter provisório, é certo, só devendo perdurar até serem completamente extintos os núcleos sediciosos assim como as consequências imediatas do levante. Mais tarde, porém, não cessariam, ainda que por motivo bem diferente, em alguns desses lugares, principalmente em Bananal, reiterados movimentos visando anexá-las definitivamente à província fluminense. Os motivos prendiam-se sobretudo às estreitas relações comerciais que entretinha toda a parte paulista da bacia do Paraíba, mas principalmente os municípios de Bananal, Queluz, Areias e Silveiras com a capital do Império, bem mais do que com a cidade de São Paulo. Extensão natural da área cafeeira fluminense e dependente, economicamente, da Corte, pouco tinha a ver essa região com a evolução da lavoura comercial do restante da província, que se desenvolveu de preferência no Oeste, o Oeste da maior parte do século passado, que teve seu centro primeiramente em Itu e, depois, em Campinas. A princípio todas as atenções se dirigiam nele para o açúcar, que tinha saída relativamente fácil, ainda que nem sempre encontrasse boa aceitação, pois, devendo ser transportado sobre longas distâncias em tropas de animais, exposto às chuvas, não raro já chegava a Santos deteriorado.

O bom sucesso da lavoura cafeeira no Nordeste da província, que começou a patentear-se-á na década de 1820-30, não perturbou a princípio os fazendeiros de Itu e Campinas, que ainda põem toda a sua confiança nos engenhos de cana. Em 1835, o brigadeiro Rafael Tobias de Aguiar já chamava atenção para o incremento das exportações do café, em contraste com o decréscimo das remessas de açúcar pelo porto de Santos. Suas palavras significavam um apelo para a melhoria das estradas, não propriamente um incentivo para a substituição dos canaviais pelos cafezais, mas aos lavradores do Oeste não custava considerar esta última alternativa. O fato é que Campinas, produzindo apenas 8.801 arrobas de café, em 1836, e ocupando o nono lugar entre os municípios cafeeiros — todos os outros pertencem ao "Norte" da província —, passará a produzir quase quarenta vezes mais em 1854, ou seja, 335 mil arrobas, e já se situa no quarto lugar entre esses municípios, depois de Bananal, Taubaté e Pindamonhangaba. Limeira, por sua vez, que não aparecia em 1836 entre os produtores de café recenseados, situa-se, 18 anos mais tarde, com 121.800 arrobas, no nono lugar, depois desses mesmos municípios e também de Paraibuna, Vila Bela, Moji das Cruzes e Guaratinguetá. A extinção do tráfico vai contribuir poderosamente para a substituição, levando os fazendeiros a desviar para a lavoura mais lucrativa muitos dos braços que ocupavam antes no cultivo e benefício do açúcar. Em escrito de 1860 afirmou Sebastião Ferreira Soares, especialista em estudos de estatística, que, desde 1854, já tinham sido desmontados, no município de Campinas, 44 engenhos de cana, para que se aplicassem os escravos na lavoura do café. E embora muitos ainda procurassem enganar-se, assinalam esses fatos o começo de uma fase nova, de amplas consequências, não apenas para o Oeste da província. Em outra publicação, essa de 1865, o mesmo autor já escreve: "A província de São Paulo, que até 1850 era uma das maiores produtoras de açúcar, abandonou, de então para cá, em grande parte, a cultura da cana para aplicar-se em maior escala à plantação do café, e tão rápida tem marchado esta espécie de cultura, que hoje esta província produz tanto café como a de Minas Gerais, quando ainda em 1850 a sua exportação não excedia de 150 mil arrobas..." Acrescenta, porém: "(...) ainda assim ali se produz muito açúcar e aguardente de cana, e ultimamente o algodão."

A parte do Vale do Paraíba paulista nesse progresso não deixara ainda de ser considerável, embora já começassem a surgir, aqui como acontecia na província fluminense, pela mesma época, vozes premonitórias, que contradiziam as previsões mais otimistas. Escrevendo por volta de 1860, assim se manifesta Zaluar: "O Bananal já teve também o seu período de engrandecimento e prosperidade. Quando não tivéssemos outras provas deste fato, aí estão para o atestar tantos prédios elegantes e dispendiosamente construídos que bem provam o tráfego e o movimento que já aqui houve. Hoje, porém, é mais uma cidade sem animação e sem vida." O caso de Bananal pode resumir, de um modo geral, a situação de todo o "Norte" da província, a despeito de sua posição quase excêntrica, e que a levava a gravitar econômica e até politicamente para a Corte, muito mais do que para a capital da província de São Paulo. Nesse ponto, entretanto, reproduz em grau eminente, o que acontece com o restante do Vale do Paraíba. O mesmo Zaluar observa que pela sua posição topográfica, pelas relações de seu comércio, pela índole e usos de sua população, pelas conveniências administrativas e econômicas e, finalmente, "pelo desejo constante que manifestam seus habitantes, seja qual for a sua cor política, de fazerem parte da província do Rio", está deslocado e isolado nos limites de uma divisão territorial que não lhe oferece comodidade alguma e, antes, tolhe a marcha regular de seus negócios. O viajante, refletindo provavelmente uma opinião corrente entre fazendeiros que ali visitou, não deixa de abonar a "justa aspiração" dos bananalenses, manifestada repetidamente na imprensa e na tribuna parlamentar e corroborada com as representações da Câmara Municipal, lamentando que os altos poderes do Estado ainda não tivessem dado sequer um passo para a sua realização.

As observações de Zaluar sobre o declínio de Bananal à época em que a visitou só seriam verdadeiras, no entanto, dez ou 12 anos mais tarde. Se o declínio fosse tão manifesto em 1860, como explicar que em 1864-65 ainda seja sua renda maior do que a de todos os outros municípios paulistas, superando até a da capital em 35%, e que o ano de 1867 conserve a mesma supremacia? Ainda no exercício de 1864-65, quando a arrecadação em Bananal é de 36 e meio contos de réis, a dos outros municípios paulistas do Vale do Paraíba, tomados em conjunto, é, aproximadamente, de 50 contos, duas vezes maior do que a das áreas cafeeiras do Oeste — e Oeste de 1865, quando Campinas ainda era "princesa" — e bem mais do que o triplo se incluídas entre aquelas a de

Bananal. Cabe notar que a esse tempo nem todo o Oeste cafeeiro era só ou era predominantemente cafeeiro. Acreditava-se, em geral, e provavelmente com razão, que o novo cultivo só seria compensador, quando muito, até Rio Claro. Por mais produtivas que fossem as novas terras, tudo fazia crer que o custo dos transportes, antes da era ferroviária, desfaria as vantagens alcançadas. E essa crença era embaraço decisivo à tentação que oferecia o exemplo dos campineiros que, antes mesmo de 1850, tinham começado a arrancar os antigos canaviais para plantar cada vez mais os novos cafezais.

A mudança crescente da paisagem econômica de Campinas evidencia-se singularmente se comparadas as cifras de 1835, quando o município ocupava quando muito o oitavo lugar na província como produtor de café, e certamente nem isso, pois ignoram-se para esse ano os dados de Queluz e Paraibuna, com os de 1854, em que passara nitidamente para o quarto lugar, com 335.550 arrobas. Aumentou quarenta vezes mais num intervalo de vinte anos e, agora, só era ultrapassado por Bananal, Taubaté e Pindamonhangaba, todas no "Norte". Mas já supera Jacareí, Queluz, Areias, Lorena, Paraibuna, Moji das Cruzes, Guaratinguetá, também a Nordeste da capital, além de Limeira, que fica em suas vizinhanças. E o incremento da produção do café iria refletir-se por toda parte nos mais variados setores da vida econômica. Tanto que em 1867, quando Bananal tem ainda (mas pela última vez) renda superior à de todos os mais municípios da província, inclusive a capital, já Campinas passa para o segundo lugar, entre as áreas cafeeiras. Acima de Campinas, ainda que abaixo de Bananal, o mapa das arrecadações só registra a capital e Santos que, sendo o grande escoadouro dos cafés do Oeste, tivera duplicada a sua renda nos vinte anos anteriores.

O ano de 1867 já assinala, porém, o marco divisório que separa duas épocas. Terminada a construção da estrada de ferro entre Santos e Jundiaí justamente nesse ano, começava a desvanecer-se a velha ideia de que era escusado ampliar cafezais para o Oeste de Rio Claro. E a boa esperança suscitada por esse empreendimento autoriza realizações ainda mais ambiciosas. Como a São Paulo Railway desistisse do privilégio que lhe cabia, por contrato, de prolongar a linha para além de Jundiaí, instalou-se em São Paulo, já no princípio do ano seguinte, uma comissão constituída sobretudo de fazendeiros de café. As divergências partidárias pareceram, por algum tempo, dificultar um consenso, mas o novo presidente da província, conselheiro Saldanha Marinho, liberal extremado, já quase às vésperas de fazer-se republicano, aplaina esse obstáculo, congregando todas as facções, inclusive conservadores, em torno do plano que a todos vai beneficiar, e ainda assegura, dentro das possibilidades, os meios que facilitam sua execução. Em março de 1870 começam os trabalhos de construção da linha, e menos de dois anos e meio depois é ela entregue ao tráfego até Campinas. Mas já agora tinha nascido e amadurecido o projeto de estendê-la para além da primitiva meta, expressa no nome inicial da empresa, Companhia Paulista da Estrada de Ferro de Jundiaí a Campinas. Passaram-se, com efeito, mais quatro anos, e já os trilhos da Paulista alcançavam Rio Claro (agosto de 1876). Depois, em 1880, atingiam Porto Ferreira, à margem do Moji Guaçu. Não cessa neste ponto sua avançada para o Oeste e, já agora, outra companhia, a Mogiana, vai cooperar para a formação do oceano verde que se espraia ao largo do antigo caminho do Anhanguera. Organizada quando os trilhos da Paulista ainda não tinham chegado a Campinas, em 1874 já elevada a linha seguidamente para Moji Mirim e Amparo, e fica assegurada, em seu benefício, uma zona de privilégio que se estende até o Rio Grande, passando por Casa Branca e Franca. Esta extensão é um tanto retardada pela construção do ramal de São Simão e Ribeirão Preto que, concluído em 1883, irá dar numa ampla mancha de terra roxa de feracidade sem precedentes no Brasil e no mundo.

A febre de construção ferroviária que se anuncia sobretudo a partir da década de 1870-80 também aponta para outras direções. Antes mesmo de nascer a Mogiana constituíam-se a Ituana, e também a Sorocabana, e mais tarde a Bragantina. As duas primeiras irão fundir-se para, num prazo mais dilatado, contribuir para o desbravamento de novas áreas cafeeiras, cuja importância se acentuará mais ainda em nosso século. E há a Companhia Rio Claro que se projeta já em 1874; estende-se, na década seguinte, até São Carlos, Araraquara, Jaú, para, pouco depois da proclamação da República ser absorvida pela Companhia Paulista. Mas no mesmo ano de 1872, em que se constituía a Mogiana, em que a linha da Paulista está em vésperas de completar a etapa inicial, também começa a anunciar-se, como realidade, o velho propósito de estabelecimento da ligação ferroviária entre São Paulo e a Corte. Durante mais de meio século, os fazendeiros de café estabelecidos ao longo do curso do médio Paraíba e seus tributários tiveram de contentar-se com o transporte em lombo de burro desde as fronteiras da província do Rio até um dos portos marítimos da Angra dos Reis, de onde o produto era embarcado para a capital do Império. A criação de um sistema viário que permitisse a conexão direta com o Rio, por terra, encontrara problemas que desafiavam aparentemente qualquer solução, mesmo a solução aleatória de uma estrada carroçável para Mangaratiba, que por várias vezes foi tentada e abandonada. Ainda em 1860, um viajante luso-brasileiro assinalava esses problemas, atribuindo a obstáculos topográficos as más condições dos caminhos terrestres que, na província fluminense, poderiam permitir uma ligação entre o Município Neutro e os limites da província de São Paulo.

A construção da estrada de ferro D. Pedro II, de que um ramal seguiria em direção a São Paulo, tinha sido contratada pelo governo geral desde 1855, e, ato contínuo, começou sua construção, mas lentamente progrediu até Barra do Piraí, alcançada só em 1864, devendo esgalhar-se então nas direções de São Paulo e de Minas. O ritmo vagaroso com que prosseguiam as obras, que, além de estorvadas pelos acidentes naturais, foram interrompidas por uma sucessão de crises administrativas, levando em 1865 à dissolução da companhia e à encampação da estrada pelo governo, não pareciam alentar qualquer iniciativa do lado de São Paulo no sentido de fazer-se a ligação entre a capital paulista e o ponto terminal da D. Pedro II que, segundo as previsões, seria Cachoeira. No momento, porém, em que as obras passaram a ser efetuadas por conta da nação e em que se iam aproximando do término previsto, julgou-se necessário apressar a ligação. E é possível que a importância crescente dos cafezais do Oeste, com as comunicações mais fáceis que lhe proporcionavam o traçado da Santos a Jundiaí e o da Paulista, bem como o outro, já em projeto da Mogiana, tivessem despertado entre fazendeiros e homens de negócio paulistas, mormente os da bacia do Paraíba, um espírito de emulação propício a esse empreendimento. O fato é que, constituída em 1872 a nova Companhia São Paulo a Rio de Janeiro, atacou-se de imediato a construção da linha, e tão aceleradamente se desenvolveram as obras, que mostravam o empenho de recuperação do tempo perdido. A etapa mais difícil, devido às fragosidades do solo, foi vendida em 1875, ano em que os trilhos chegam a Moji das Cruzes. Mas daí por diante nenhum empecilho teria forças para frear o ímpeto dos responsáveis pelo empreendimento. Já em 1876 era inaugurado o tráfego até Jacareí, São José dos Campos, Caçapava, Taubaté, e em 1877, até Pindamonhangaba, Guaratinguetá, Lorena. No mesmo ano de 1877, chegam finalmente os trilhos a Cachoeira, onde vai fazer-se a junção com a D. Pedro II, que também atinge a mesma povoação.

A importância econômica dessa linha que um decreto do governo provisório de Deodoro da Fonseca, de agosto de 1890, manda incorporar à antiga D. Pedro II para formar a atual Estrada de Ferro Central do Brasil, ao mesmo tempo em que determina o alargamento da bitola, que tinha sido até então de 1 metro, não dissipa a ameaça que o desbravamento das terras do Oeste já significava para a primazia econômica do Vale do Paraíba. Expressivo do desenvolvimento crescente dos cafezais da área que se estende para o oeste de Campinas é a rápida expansão das exportações de Santos, seu porto natural. Em 1850-51, quando toda a produção era transportada em tropas de animais, as remessas santistas ainda não ultrapassam 103.250 sacas. O desenvolvimento, por volta de 1850, dos cafezais da região de Campinas, onde precisamente nesse ano seu produto começa a ultrapassar o da cana-de-açúcar, faz com que tripliquem essas exportações em dez anos. Mas em 1860 não se iniciara ainda a era ferroviária em São Paulo, e é só nesse ano que vai começar a construção da São Paulo Railway, que, devido sobretudo ao alcantilado da serra do Mar, se prolongará até 1867. Em 1870-71, quando apenas se completa sua construção, e mal começa a da primeira etapa da Paulista, que só no ano seguinte chega a Campinas, o crescimento das exportações pela praça de Santos é apreciável mas não espantoso, tendo alcançado 547 mil sacas, quando em 1860-61 foi de 320.445. A pujança extraordinária dos cafezais do Oeste vai afirmar-se, porém, e cada vez mais, nas décadas seguintes. Em 1880-81 as exportações do café transportado a partir de Jundiaí rumo ao litoral paulista já alcançou 1.204.328 sacas, e em 1890-91, 3.048.327. Em 1894, já no regime republicano, Santos se torna, pela primeira vez, o maior porto exportador do Brasil, superando o do Rio de Janeiro.

Tão estreita era a relação entre a abertura dos novos cafezais do Oeste e do seu escoadouro em São Paulo, que um técnico holandês, C. F. Van Delden Laerne, ao dar conta da missão ao Brasil, onde por incumbência de seu governo vinha estudar a lavoura do café nos anos 1883-84, no interesse das culturas das Índias Neerlandesas, não hesita em dar à parte do Noroeste e do Oeste de São Paulo o nome de "zona de Santos", contrastando-a com a zona do Rio de Janeiro, que abrangeria toda a bacia do Paraíba, inclusive no território paulista. Não escapa mesmo ao atilado observador a rivalidade existente entre as duas zonas, e cita o caso de um fazendeiro do Oeste que, em sua presença, procurou desconcertar outro, do Vale do Paraíba, dizendo que na primeira zona um só arbusto dá três vezes mais café do que três da outra. "A comparação", observa, "é um tanto... paulista demais, embora o fazendeiro do Rio guardasse silêncio, e deixasse, assim, mais ou menos ganha a partida para o contendor". Mas concorda o viajante em que a zona "de Santos" produzia ao menos quase duas vezes mais do que a "do Rio". É verdade que, a seu tempo, ainda não tinham começado as grandes safras de Ribeirão Preto.

Em favor do Oeste havia mais a vantagem de ser área de onde as plantações eram novas, novos os trabalhadores que se recrutavam cada vez mais entre imigrantes europeus, e onde até a configuração do solo, plano em geral, ou ligeiramente ondulado, em contraste com o terreno montuoso, da bacia do Paraíba, em que os clássicos morros em "meia laranja" se sujeitavam depressa à erosão. E não é preciso insistir na boa qualidade dos solos do Oeste, entre meado de manchas de terra rosa, muito mais produtivas do que o melhor massapé vermelho da bacia do Paraíba. O que mais distinguia, porém, as fazendas do Oeste, era mesmo a presença atuante da mão de obra livre que, no último decênio da Monarquia, começa a fazer-se sentir ali cada vez mais, à medida em que grandes levas de imigrantes, procedentes sobretudo do Norte da Itália, se vão distribuindo por uma zona que, exceção feita de Campinas, mal havia conhecido o trabalhador escravo. O número desses imigrantes que, a partir de 1883, já excede o total de 30 mil por ano, salta para 55.965 em 1887, e já no ano imediato, ano da Abolição, chega a 133.255. Bem antes de iniciar-se esse afluxo, dissera o senador Vergueiro, patrocinador do sistema de parceria, onde se utilizavam principalmente alemães e suíços, o rendimento do trabalho de um colono livre era três vezes superior ao de um cativo. Agora, outro lavrador paulista, Martinho Prado Júnior, dos principais responsáveis pela introdução em grandes massas de imigrantes italianos na província, ia mais longe, ao sustentar que o trabalho de um assalariado valia cinco vezes o de um escravo.

Não é preciso aceitar ao pé da letra o valor de estimativas como essas para admitir que a presença do imigrante, coincidente com o desenvolvimento de uma rede viária apta a aproveitar todas as suas potencialidades, era novidade no Brasil, e contrastava notavelmente com o sistema tradicional preservado no "Norte" da província. Aqui, a paisagem rural parecia inseparável do escravo, ou melhor, a presença do escravo tornava-a incompatível com o advento do trabalhador livre. Nem todos os fazendeiros do Vale do Paraíba cediam tranquilos ao pessimismo ou ao fatalismo dos que, à maneira daquele lavrador da "zona do Rio" referido por Van Delden Laerne, se davam por vencidos quando ouviam falar nas maravilhas e opulências do Oeste paulista. A inabalada confiança nos recursos permanentes de uma área que, para alguns, ia morrendo de velha, pode estar a origem de iniciativas tais como a da estrada de ferro de Rezende a Areias, cuja construção, iniciada já em 1888, não pôde seguir o primitivo traçado. Ou a da estrada de ferro de Bananal, aberta ao tráfego em 1889, mas com sacrifício também do traçado previsto. Tratava-se, nos dois casos, da recuperação de antigas comarcas cafeeiras que a linha férrea de São Paulo ao Rio deixara a alguma distância. O resultado desse esforço não foi compensador: a primeira ferrovia nunca chegou a Areias, e a Bananalense, depois de passar por vários proprietários, foi encampada finalmente pelo governo da União e passou a entroncar-se na Central do Brasil.

Entre as mais curiosas manifestações de inconformismo suscitado pelo espetáculo de uma paisagem rural que, empobrecida, embora, orgulhava-se ainda da riqueza e pompa de um passado relativamente recente, merece ser citado o renascimento de certas manifestações secessionistas no Vale do Paraíba paulista. Ditava-as, como em casos anteriores, a impaciência diante das desigualdades econômicas flagrantes. A diferença está, contudo, em que naqueles outros casos o que se pretendera principalmente era libertar o "Norte" de uma tutela, a de São Paulo, que parecia, com seu "atraso", cercear a prosperidade e opulência de que desfrutavam as terras da bacia do Paraíba: assim foi em 1829 quando se chegou a levantar a bandeira de uma "província de Rezende" a englobar, entre outros, mais de um município paulista, ou por várias vezes, a aspiração dos de Bananal no sentido de separar-se seu distrito para ser anexado à província fluminense. Agora, ao contrário, é a opulência e prosperidade insofismáveis do novo Oeste que, aos paladinos da antiga preeminência do Vale do Paraíba, se apresentam como fruto de injustiças e opressões, que só o desmembramento poderia sanar. A solução estaria, pois, em formar-se uma "província do Rio Sapucaí", que abrangeria, com o "Norte" de São Paulo, boa parte do território sulmineiro. A paternidade da ideia pertence ao senador Joaquim Floriano de Godói, senador, desde 1872, pela província de São Paulo, que apresentou em 1887 um projeto nesse sentido à Câmara vitalícia, e enfeixou a seguir em volume o projeto, com a justificativa, além da resposta dada às iracundas repercussões do plano na imprensa provincial. Entendia que o relativo atraso do Norte não vinha ali da pobreza do solo e nem da incapacidade do povo, mas da parcialidade do governo da província que, ajudando por todas as formas o incremento do Oeste, negava socorro às partes que, nos bons tempos, haviam sido mais produtivas e ilustres.

Lembra, a propósito, as grandes verbas destinadas aos serviços da imigração, que tinha como objeto a importação em massa de europeus e resultaria em fazer com que o Oeste adquirisse uma fisionomia estranha ao restante do Brasil e em fomentar as veleidades separatistas ou republicanas, inseparáveis "das magnificências da Capital e dos esplendores agrícolas do Oeste". Quanto ao Vale do Paraíba, limitavam-se as autoridades provinciais a jogar-lhes "umas vitualhas orçamentárias, e isto mesmo com o mau humor com que se arremessa à sacola do importuno mendigo, esmola de má vontade...". Nessa espécie de separatismo contra o separatismo, separatismo do Vale do Paraíba contra o vozerio crescente dos arautos da "pátria paulista" que se fazia ouvir com desusada veemência justamente naquele ano de 1887 e só se amorteceria ano e meio depois, com o advento da república federal, o senador Joaquim Floriano não pertencia a rigor aos escravocratas, nem era inimigo da imigração estrangeira, contanto que, ao lado do imigrante, fosse largamente aproveitado o trabalhador nacional livre.

O *laudator temporis acti* mal se dissimula nos escritos desse conservador impenitente, embora conservador da linha do visconde do Rio Branco, que podia reivindicar para si o título de abolicionista histórico por ter aprovado a Lei do Ventre Livre, ao tempo em que fazendeiros instalados agora no Oeste, dizia, se mostravam abertamente hostis a toda tentativa de mudança nas condições do "elemento servil" e só passaram a favorecer essa mudança quando principiou a grande imigração. Em verdade seu abolicionismo foi marcado constantemente por uma timidez a toda prova, a timidez dos que, julgando já inútil lutar contra a corrente, procuram meios de ver amenizada a transição para o inelutável. Assim é que em setembro de 1887, ao mesmo tempo em que deblaterava contra a tolerância com que já se podia desenvolver em todo o país a propaganda abolicionista que "impaciente e irrefletida, pretende precipitar os acontecimentos, violentando as leis e os elevados direitos adquiridos", propunha para o impasse a que se chegara uma solução "calma, criteriosa, ditada pelos legítimos interesses da nação". Tal é o significado do projeto que naquela data ofereceu à consideração do Senado do Império, onde se declarava extinta, em verdade, a escravidão, mas se exigia também a prestação de serviço dos libertos aos seus "ex-senhores". Para melhor assegurar a eficácia desse regime transitório, de sorte que os libertos continuassem a prestar os serviços a que ficavam sujeitos durante três anos, poderiam ser impostas multas até 100 mil-réis e pena de prisão até trinta dias. Ao mesmo tempo, todo indivíduo que tentasse aliciar os libertos para abandonarem os serviços a que estariam obrigados pela lei proposta seria processado pelo juiz municipal do termo, com recurso para o juiz de direito, devendo ainda pagar multa de 500 mil-réis até um conto de réis e sofrer pena de prisão de trinta a sessenta dias.

Nessa, e em outras manifestações, o senador paulista mostrava-se digno representante de uma região que já se preparava para libertar-se dos préstimos do braço escravo ou, talvez, que se resignara à necessidade de precisar sobreviver sem eles. Não faltavam, pela mesma época, os que, decididos a partilhar dos proveitos que proporcionavam as zonas ultimamente desbravadas, deixavam o Vale do Paraíba, em São Paulo, assim como as províncias de Minas e do Rio de Janeiro, e iam, por sua vez, abrir fazendas novas nas terras ultimamente desbravadas do Oeste e do Noroeste paulistas. Uma paisagem desolada instalou-se no lugar das grandes propriedades, agora deixadas meio ao abandono pelos que iam em demanda de um outro mundo, onde já se requeria uma afoiteza já de capitalistas e plutocratas, indiferentes, ou quase, àqueles "ouropéis da realeza" a que tanto se tinham afeiçoado os velhos barões do café. Poucos municípios do vale — Taubaté é um — conseguem resistir ainda por algum tempo ao colapso ameaçador. Moji, que se acha no pórtico do Vale do Paraíba, e que antigamente fora notável município exportador, com uma produção, em 1854, de 100 mil arrobas de café, vende os escravos e volta-se para a pequena lavoura de sitiantes, enquanto espera a hora de tornar-se um centro industrial. O relatório que a Comissão Central de Estatística apresenta em 1888 ao presidente da província diz, ainda, a propósito de Moji das Cruzes, que o plantio do café ali é feito em pequena escala, sendo poucos os que a ele se dedicam com exclusividade. No outro extremo, de Bananal, no limiar da província fluminense, diz o mesmo relatório: "Quanto à produção agrícola já foi o município, pela sua fertilidade, o mais importante da província; hoje, porém, devastadas as suas grandes matas, ressente-se da decadência geral desta parte da província; não que lhe faltam terrenos de grande uberdade, adaptados a todos os gêneros de cultura, mas unicamente porque os cafezais antigos já não produzem a mesma quantidade de frutos que quando novos."

Aqui, como ao longo de todo o curso do médio Paraíba, já desapareceram vários e, por vezes, admiráveis testemunhos do fastígio que o café lhe trouxe e o café lhe tirou quando se viu chamado a opulentar outras terras. Das antigas vivendas senhoriais que marcaram essa era, algumas, todavia, permanecem eretas, outras estão sendo cuidadosamente restauradas. Num momento em que por tantos títulos, e não só pela posição privilegiada que ocupa, entre as duas grandes metrópoles do Brasil, o "Norte" paulista caminha tranquilo para a conquista do futuro, as imagens desse passado morto, que oferece este documentário, podem ter um significado que já não é apenas o das melancólicas e impossíveis ressurreições.

As fazendas do Vale do Paraíba,
por Tom Maia

Fazenda do Barbosa — Bairro das Pedrinhas — Guaratinguetá

Fazenda Pau d'Alho — São José do Barreiro

Fazenda Quilombo — Taubaté

Fazenda Putim — Guararema

Fazenda Santa Cruz — Bairro da Serra — Jambeiro

Fazenda do Bonito — Lorena

Fazenda da Conceição — Paraibuna

Fazenda do Tanque — Bairro da Terra — Caçapava

Fazenda Jardim — Jacareí

Fazenda Montes Claros — São José dos Campos

Fazenda Laranjeiras — Bananal

Fazenda Santa Maria — Tremembé

Fazenda do Borba — Pindamonhangaba

Títulos da Coleção
Sabor Literário

1. *Sobre arte, sobre poesia*, de Ferreira Gullar
2. *Caminhando*, de H. D. Thoreau, com apresentação de Roberto Muggiati
3. *Diário de uma viagem da baía de Botafogo à cidade de São Paulo*, de William Henry May, com prefácio de José Mindlin e apresentação de Jean Marcel Carvalho França
4. *Cartas de viagem e outras crônicas*, de Campos de Carvalho, com apresentação de Antonio Prata
5. *Cenas londrinas*, de Virginia Woolf, com apresentação de Ivo Barroso
6. *Censura e outros problemas dos escritores latino-americanos*, de Antonio Callado, com apresentação de Villas-Bôas Corrêa
7. *Vinte dias com Julian e Coelhinho, por papai*, de Nathaniel Hawthorne, com apresentação de Paul Auster
8. *As religiões no Rio*, de João do Rio, com apresentação de João Carlos Rodrigues
9. *Harpo fala... de Nova York*, de Harpo Marx, com apresentação de E. L. Doctorow
10. *O banqueiro anarquista*, de Fernando Pessoa, com apresentação de Francisco Maciel Silveira
11. *FUP*, de Jim Dodge, com apresentação de Marçal Aquino
12. *Parque industrial*, de Patricia Galvão (Pagu) como Mara Lobo, com apresentação de Geraldo Galvão Ferraz
13. *Poemas*, de Konstantinos Kaváfis, com apresentação de José Paulo Paes
14. *Queijo*, de Willem Elsschot, com apresentação de Marcelino Freire

15. *Alguns poemas traduzidos*, de Manuel Bandeira, com apresentação de Leonardo Fróes
16. *Máximas e pensamentos*, de Chamfort, com organização e apresentação de Cláudio Figueiredo
17. *Paris França*, de Gertrude Stein, com apresentação de Inês Cardoso
18. *Bartleby, o escrivão*, de Hermann Melville, com apresentação de Jorge Luis Borges
19. *O mundo do sexo*, de Henry Miller, com apresentação de Otto Maria Carpeaux
20. *O real e seu duplo*, de Clément Rosset, com apresentação de José Thomaz Brum
21. *Mulheres viajantes no Brasil (1764-1820)*, de Jemima Kindersley, Elizabeth Macquarie e Rose Freycinet, com organização e apresentação de Jean Marcel Carvalho França
22. *O ideal do crítico*, de Machado de Assis, com organização e apresentação de Miguel Sanches Neto
23. *Seis contos escolhidos e comentados por José Mindlin*, de Machado de Assis, com apresentação de Manuel da Costa Pinto
24. *Você nunca chegará a nada*, de Juan Benet, com apresentação de Bella Jozef
25. *Hollywood: a meca do cinema*, de Blaise Cendrars, com apresentação de Affonso Romano de Sant'Anna
26. *Vida e morte da antropofagia*, de Raul Bopp, com apresentação de Régis Bonvicino
27. *Desabrigo e outras narrativas*, de Antônio Fraga, com organização e apresentação de Maria Célia Barbosa Reis da Silva
28. *Sede do mal*, de Gore Vidal, com apresentação de Marcos Soares
29. *Feia de rosto*, de Arthur Miller, com apresentação de Roberto Muggiati
30. *Sobre os escritores*, de Elias Canetti, com apresentação de Ivo Barroso

31. *As pequenas raposas*, de Lillian Hellman, com apresentação de Maria Sílvia Betti
32. *Corrida selvagem.* de J. G. Ballard, com apresentação de Antonio Gonçalves Filho
33. *A infância do mago*, de Hermann Hesse, com apresentação de Samuel Titan Jr.

Este livro foi impresso nas oficinas da
Distribuidora Record de Serviços de Imprensa S.A.
Rua Argentina, 171 – Rio de Janeiro, RJ
para a Editora José Olympio Ltda.
em setembro de 2010

*

78° aniversário desta Casa de livros, fundada em 29.11.1931